Jasmin Alzinger

Der „geschlagene Mann"

Männliche Opfer im Kontext häuslicher Gewalt

Diplomica Verlag GmbH

Alzinger, Jasmin: Der „geschlagene Mann". Männliche Opfer im Kontext häuslicher Gewalt, Hamburg, Diplomica Verlag GmbH 2016

Buch-ISBN: 978-3-95934-969-7
PDF-eBook-ISBN: 978-3-95934-469-2
Druck/Herstellung: Diplomica® Verlag GmbH, Hamburg, 2016
Covermotiv: © iStockphoto.com/deimagine

Bibliografische Information der Deutschen Nationalbibliothek:
Die Deutsche Nationalbibliothek verzeichnet diese Publikation in der Deutschen Nationalbibliografie; detaillierte bibliografische Daten sind im Internet über http://dnb.d-nb.de abrufbar.

© Diplomica Verlag GmbH
Hermannstal 119k, 22119 Hamburg
http://www.diplomica-verlag.de, Hamburg 2016
Printed in Germany

Inhaltsverzeichnis

Abbildungsverzeichnis

Anstelle eines Vorwortes[1]

03.08.2014: „Sie ist zu 100 % davon Überzeugt, daß ich schuld an Ihren Gewaltausbrüchen bin. Ich durchlebte Ängste u. bin nicht mehr in der Lage auf Sie zuzugehen. […] Bei dem Gedanken kommt mir beinahe mein Essen hoch. Ja ich war 1 Monat bereits weg zur Psychosomatik. […] Wenn ich mir nicht sicher bin eher Rückzug.“

24.12.2014: „Ich müßte den Mut finden über Ihre Macht die mich ‚behindert‘ zu reden. Sie hatte aber über Jahrzente mich orniodrigt und gequält und gefallen daran. [ ] Ich bin mir sicher Ihre Rolle gibt Sie nicht auf. Sie ist der Pascha gleich ob „schwächere Frau“. Meine Angst hält mich wie gefangen.“

27.12.2014: „Gleiches Angriffsmuster wie immer, Sie in Schlagdistanz nur diesmal war ich weg. Aus meinem Körper geflüchtet. […] Ihre Ängste verarbeitet Sie mit Gewalt. Ich bin noch da dies aufzufangen. […] Ich muß diese Qualen aushalten um unsere 15 jährige Tochter zu schützen.“

31.12.2014: „Sogar wenn ich da bin ließt Sie ab und an meine Post. Ich habe […] kaum ein 100 % sicheres Versteck. Einzig hier im Gartenhaus […] ist es einigermaßen sicher. Alle Korrespondenz geht von hier aus und wird hier gelagert. […] Trotz -14°Celsius egal.“

18.02.2015: „Die Demütigungen und Seitenhiebe […] halte ich nicht länger aus. Bin seit Monaten und länger angespannt, was Selbstwertgefühl und Stimmung nicht anheben lassen. […] Dann gehe ich unter die Brücke als Opfer und werde wieder Opfer. […] Ich kann doch nicht erst an Frau Merkel nach Berlin schreiben oder doch um auf meine prekäre Situation aufmerksam zu machen. […] Ich weiß jetzt einfach nicht weiter.“

16.03.2015: „Sie schlug mehrfach auf meine 15 jährige ein. […] Ich kam nach Ihr dran, rannte wieder in meine Fluchtburg.“

17.03.2015: „Gehe arbeiten und in den Garten flüchten. Bin aber ganz alleine was mich sehr belastet. […] Bitte Sie könnten mit vielleicht schreiben? Auf die Gefahr hin daß so wie manchmal mein Portemonai überprüft wird. auch meine Post […] verschwindet für längere Zeit.“

---

[1] Anonymisierte Auszüge aus Briefen von Herrn Aʙᴛ (Name und Daten geändert) an die Sozialberatung Stuttgart e. V. Ein Abdruck ist aus datenschutzrechtlichen Gründen nicht möglich.

Zum Hintergrund: Herr Aʙᴛ ist Mitte 40, über 20 Jahre verheiratet und hat zwei Kinder. Er wird bereits seit circa 2003 von seiner Frau attackiert und schon länger teilweise heftig geschlagen. So hatte seine Frau ihm in der Vergangenheit den Arm gebrochen oder auch mit einer Latte auf ihn eingeschlagen. Um sie in Schutz zu nehmen, gab Herr Aʙᴛ an, die Vorfälle seien auf der Arbeit passiert. Herr Aʙᴛ hatte selbst einen gewalttätigen Vater, weshalb er sich vornahm anders zu sein und nicht zuzuschlagen. Die Eheleute Aʙᴛ nahmen bereits eine Paarberatung in Anspruch, welche zu dem Ergebnis kam, dass eine Trennung sinnvoll sei. Diese wurde allerdings aufgrund der Kinder nicht vollzogen. Über eine – nach seinen Angaben – sehr aufwändige Internetrecherche konnte Herr Aʙᴛ im Mai 2014 das Gewaltschutzprojekt für Männer der Sozialberatung Stuttgart e. V. ausfindig machen. Dort fanden bisher zwei Beratungsgespräche wie ein intensiver Briefverkehr statt, denn „Telephonieren ist [ihm] zuwieder“ (Zitat Herr Aʙᴛ).

A Einleitung

Gewalt in einer Partnerschaft – damit geht meist die Assoziation „Mann gleich Täter" und „Frau gleich Opfer" einher. Wie die angeführten Briefauszüge zeigen, trifft diese Einordnung nicht immer zu. Vorliegend handelt es sich um eine Frau, die gegenüber ihrem Partner gewalttätig wird. Während Männer als Täter und Frauen als Opfer häuslicher Gewalt seit langem im Fokus von Gesellschaft, Politik, Medien und Wissenschaft stehen, wird die andere „Richtung" von Gewalt in Partnerschaften deutlich seltener thematisiert. Aber auch sie kommt vor und verursacht Leiden, wie alleine schon obiger Fall deutlich macht.

Dieser Umstand ist der Autorin, die in ihrer Praxisstelle mit wohnungslosen haftentlassenen Menschen – also ebenfalls Tätern – arbeitet, im Rahmen eines Fremdpraktikums bei der Fachberatungsstelle Gewaltprävention der Sozialberatung Stuttgart e. V.[2] bewusst geworden. Innerhalb eines Trainings für männliche Täter bei häuslicher Gewalt konnte sie einen Einblick in deren jeweilige Lebenswelt erhalten. Nicht selten berichteten diese Täter von ihren (Ehe-)Frauen, die sie ohrfeigen, kratzen, beleidigen und demütigen würden. Waren dies nur Rechtfertigungsversuche für das eigene gewalttätige Handeln? Oder existiert das Phänomen von häuslicher Gewalt, bei welchem Frauen gegen ihre Männer vorgehen, öfter als nur in wenigen Ausnahmefällen? Vereinzelte Telefonanrufe von verzweifelten Männern, die von ihren Frauen körperliche wie psychische Gewalt erfuhren, die nicht wussten, wohin sie sich wenden sollten und deshalb – obwohl sie eigentlich Opfer waren – bei einer damals noch reinen Täterberatungsstelle Hilfe suchten, weckten zudem das Interesse der Autorin für die Problematik männlicher Opfer im Kontext häuslicher Gewalt. Der Entschluss, zu diesem Thema ein Buch anzufertigen, lag mithin nicht fern und wurde durch die Reaktionen des Umfeldes bekräftigt. Kollegen[3], Dozenten wie Freunde äußersten zum Teil Gemeinplätze wie „Da hat der Mann wohl seine Frau nicht im Griff!", „Da steht wohl die Frau mit dem Nudelholz hinter der Tür, wenn der Mann abends zu spät von der Kneipe nach Hause kommt!" oder „So ein Mann ist sicher voll das Weichei, ein typischer Pantoffelheld eben!" Gesellschaftlich scheint dieses Thema also nicht ernstgenommen, sondern tabuisiert zu werden: Männer sind Täter, nicht Opfer. Männer werden nicht von ihren Frauen geschlagen und falls doch, haben sie es vermutlich verdient. Ist dem tatsächlich so? Ist häusliche Gewalt

---

[2] Eine Beschreibung des Angebots der Fachberatungsstelle Gewaltprävention ist unter http://www.sozialberatung-stuttgart.de/gewaltpraevention.php, zuletzt geprüft am 28.03.2015, zu finden.
[3] Zur besseren Lesbarkeit wird in dieser Arbeit auf Schreibweisen wie „KollegInnen", „PartnerInnen", „SozialarbeiterInnen", o. Ä. verzichtet und lediglich die maskuline Form der Begrifflichkeiten verwendet. Dies soll keine Diskriminierung bedeuten, sondern lediglich eine geschlechtsneutrale Reduzierung auf die Funktion der jeweiligen Personen. Die Begriffe „Opfer" und „Täter" beinhalten grundsätzlich Personen beiderlei Geschlechts. Sofern das Geschlecht jedoch von Bedeutung ist, wird dies ausdrücklich deklariert und zwischen männlichen wie weiblichen Opfern, Tätern und Täterinnen wie Partnern und Partnerinnen unterschieden.

gegen Männer selten oder passiert dies hinter „geschlossenen Türen" doch häufiger als an-genommen? Was ist das Besondere an dieser Form von Gewalt? Und vor allem: Wohin können sich Betroffene wenden? Nach kurzer Recherche zum Thema stellte sich heraus, dass auch in der Fachdiskussion das Ausmaß häuslicher Gewalt von Frauen gegen Männer äußerst umstritten ist. Die Standpunkte reichen hier von „nicht vorstellbar" bis „ähnlich viel Gewalt".[4]

Mit Hilfe dieses Buches macht die Autorin deshalb zunächst auf das Thema häusliche Gewalt gegen Männer aufmerksam, leistet einen Beitrag zur gesellschaftlichen Aufklärung und trägt so zu einer Enttabuisierung bei. Indem aufgezeigt wird, dass auch Männer Opfer häuslicher Gewalt sind, wird das Klischee „Mann gleich Täter" und „Frau gleich Opfer" wissenschaftlich fundiert aufgebrochen. Neben der Herausarbeitung männerspezifischer Besonderheiten, wird deutlich wie wenig die bisherige Hilfelandschaft auf betroffene Männer eingestellt ist. Darüber hinaus haben interessierte Personen die Möglichkeit, sich – egal ob beruflich, privat oder aufgrund eigener Betroffenheit – einen Überblick zu verschaffen und Verständnis für die Problematik zu entwickeln. Um diese Ziele zu erreichen und einen strukturierten Zugang zum Forschungsgegenstand zu gewährleisten, werden dem Buch folgende drei forschungsleitende Fragen vorangestellt:

1. *Wie verbreitet ist häusliche Gewalt gegen Männer?*
2. *Was sind die Besonderheiten bei männlichen Opfern häuslicher Gewalt?*
3. *Welches Hilfesystem gibt es für Betroffene in Deutschland und wie ist es ausgestaltet?*[5]

Bei der vorliegenden Untersuchung handelt es sich um eine literaturbasierte Forschungs-arbeit, in deren Mittelpunkt der Mann als Opfer von Gewalthandlungen seiner Intimpartnerin steht. Primär wird auf die Verbreitung und Besonderheiten sowie das Hilfesystem für männ-liche Opfer im Kontext häuslicher Gewalt eingegangen. Darüber hinaus erfolgt eine Zusammenfassung wichtiger Fakten zum Thema. So gliedert sich das Buch in zwei Haupt-kapitel: Männliche Opfer im Kontext häuslicher Gewalt und das Hilfesystem für Betroffene. Im Einzelnen gestaltet sich der Aufbau wie folgt:

Vorab wird anhand von grundlegenden Informationen über männliche Opfer im Kontext häuslicher Gewalt in die Thematik eingeführt. Neben der Definition beinhaltet dies die Er-scheinungsformen, Ursachen und Folgen von häuslicher Gewalt. Um das Thema empirisch zu untermauern, folgt die Darstellung der Verbreitung häuslicher Gewalt gegen Männer mit Hilfe des aktuellen Forschungsstandes. Neben Daten aus dem Hellfeld werden Daten aus

---

[4] Vgl. PUCHERT ET AL. 2004, S. 15.
[5] In der Literatur finden sich bei Wörtern im Zusammenhang mit „Hilfe-" sowohl Schreibweisen mit „e" als auch mit „s" (siehe z. B. bei „Hilfesystem" oder „Hilfssystem", „Hilfemaßnahme" oder „Hilfsmaßnahme", „Hilfeange-bot" oder „Hilfsangebot"). Da sich im sozialpädagogischen Wortgebrauch die Schreibweise mit „e" etabliert hat, wird diese der vorliegenden Arbeit zugrunde gelegt.

dem Dunkelfeld anhand verschiedener Studien sowie Statistiken aus Hilfe- und Beratungs-angeboten der Sozialen Arbeit präsentiert. Weiter stellt die Autorin die Spezifika männlicher Opfer häuslicher Gewalt dar. Hier findet eine Auseinandersetzung mit den gesellschaftlich vorherrschenden Rollenbildern und -erwartungen statt, gefolgt von dem Dilemma, welches das männliche Opfersein mit sich bringt, und den Gründen, die Männer daran hindern, sich externe Hilfe zu suchen. Darüber hinaus wird eruiert, wer bei Gewalt in der Partnerschaft überhaupt Täter und wer Opfer ist. Die Thematisierung häuslicher Gewalt gegen Männer in homosexuellen Beziehungen rundet das erste Hauptkapitel ab.

An die Informationen zu männlichen Opfern im Kontext häuslicher Gewalt knüpft eine Aufarbeitung des bestehenden Hilfesystems für männliche Opfer häuslicher Gewalt an. Hier leitet ein kurzer Rückblick in das Thema ein. Dargestellt werden zudem gesetzliche Schutz-möglichkeiten, politische Interventionen sowie Hilfe- und Beratungsangebote der Sozialen Arbeit. Bei letzteren erfolgt eine Auseinandersetzung mit den Spezifika bei der Beratung von männlichen Opfern häuslicher Gewalt und existierenden Beratungsangeboten wie Schutz-möglichkeiten unter anderem in Form von sogenannten „Männerhäusern". Hilfe- und Beratungsangebote für schwule Täter sowie Täterinnen schließen an. Zuletzt arbeitet die Autorin aktuelle Mängel des Hilfesystems für männliche Opfer häuslicher Gewalt heraus und gibt Handlungsempfehlungen für eine bedarfsgerechte Ausgestaltung.

Im Fazit erläutert die Autorin die Wahl des Titels, beantwortet anhand der vorausgegangenen Ausarbeitungen die forschungsleitenden Fragen und gewährt einen Ausblick.

B Männliche Opfer im Kontext häuslicher Gewalt

Einen Einstieg in das Thema dieses Buches gibt die Definition des Terminus der häuslichen Gewalt. Die weitere Basis wird durch das Aufzeigen von Erscheinungsformen, Ursachen und Folgen häuslicher Gewalt im Allgemeinen sowie bei männlichen Opfern im Speziellen geschaffen. Anhand einer Darstellung des aktuellen Forschungsstandes und der Spezifika männlicher Opfer häuslicher Gewalt wird die Thematik zusammengefasst.

Auch wenn der Fokus dabei auf die männliche Viktimisierung durch eine Intimpartnerin gerichtet ist, soll die Gewalt gegen Frauen, deren gesellschaftliches Ausmaß und die schwerwiegenden Folgen für die Betroffenen nicht in Abrede gestellt werden.

I Definition, Erscheinungsformen, Ursachen und Folgen

„Während es viele Untersuchungen und gut gesicherte Erkenntnisse zum Ausmaß, zu den Hintergründen und den Folgen der Gewalt gegen [...] Frauen gibt, ist ein solches Wissen bezüglich der Gewalt gegen [...] Männer deutlich weniger vorhanden."[6] Aus diesem Grund erläutert die Autorin die folgenden Punkte anhand von allgemein geltendem „Basiswissen" über häusliche Gewalt. Bereits existierendes „Spezialwissen" zu männlichen Opfern wird anschließend unter Punkt B II „Verbreitung häuslicher Gewalt gegen Männer" ergänzt.

1 Definition „häusliche Gewalt"

Weder der Begriff „Gewalt" noch der Begriff „häusliche Gewalt" ist verbindlich definiert.[7] Vielmehr gibt es eine „beträchtliche Spannweite an Definitionen"[8], die von dem zugrunde-liegenden Zweck und der Perspektive der jeweiligen Profession, wie Recht, Psychologie, Sozial- und Politikwissenschaften, abhängen.[9] Es handelt sich um prozesshafte Begriffe, deren Gehalt überdies von kulturellen Festlegungen und historischem Wandel bedingt wird.[10] Abzugrenzen vom Gewaltbegriff ist der Begriff „Aggression". Diese ist „zuallererst ein physiologischer Erregungszustand des Organismus, in den der Körper immer dann versetzt wird, wenn eine Konfliktsituation auftritt."[11] „Gewalt" hingegen bezeichnet nach allgemeiner Definition der Bundeszentrale für politische Bildung den „Einsatz von physischem oder psychischem Zwang gegenüber Menschen sowie die physische Einwirkung auf Tiere oder

---

[6] BANGE 2007, S. 5.
[7] Vgl. SCHWEIKERT 2011a, S. 377; 2011b, S. 405.
[8] HEITMEYER/ HAGAN 2002, S. 15.
[9] Vgl. SCHWEIKERT 2011a, S. 377.
[10] Vgl. LENZ 2007, S. 26.
[11] SCHWITHAL 2005, S. 5.

Sachen."[12] In welchem Kontext die Gewalt auftritt, beschreibt das Wort „häuslich". Andere Bezeichnungen für diesen Bereich sind „Gewalt im sozialen Nahraum", „familiale oder innerfamiliäre Gewalt", „Beziehungsgewalt" und „Partner- oder Partnerschaftsgewalt". Die Spannbreite möglicher Definitionen ist hier „noch größer als bei dem Gewaltbegriff. Auf der einen Seite [...] kann unter häuslicher Gewalt jegliche Gewalt im sozialen Nahraum verstanden werden"[13], also Gewalt zwischen Intimpartnern, Eltern gegenüber ihren Kindern, Kinder gegenüber ihren Eltern, Gewalt gegenüber alten Menschen und auch Fälle von Stalking.[14] Auf der anderen Seite begrenzt eine engere Definition den Begriff „häusliche Gewalt" auf „Gewalt zwischen erwachsenen Intimpartnern, die in nahen Beziehungen zueinander stehen oder gestanden haben."[15]

Diesem Buch wird ein eher eng gefasstes Verständnis von häuslicher Gewalt zugrunde gelegt. Sie umfasst alle Formen der körperlichen, psychischen, sexuellen und ökonomischen Gewalt gegen erwachsene Frauen und Männer, wobei Täter sowohl derzeitige als auch ehemalige Intimpartner sein können – Fälle von Stalking eingeschlossen.

2 Erscheinungsformen von häuslicher Gewalt

Genannte Formen häuslicher Gewalt werden nun kurz erläutert.

a Körperliche Gewalt

Körperliche oder auch physische Gewalt ist Gewalt, „die auf Schädigung, Verletzung oder Tötung anderer Personen abzielt."[16] Beispiele für solche Gewalthandlungen sind: „stoßen, treten, schlagen, boxen, mit Gegenständen werfen, an den Haaren ziehen, mit den Fäusten prügeln, mit dem Kopf gegen die Wand schlagen, mit Zigaretten verbrennen, prügeln mit Gegenständen, Attacken mit Waffen bis hin zum (Mordversuch) [sic!]."[17] Darüber hinaus wird unter diese Rubrik auch Gewalt gegen Sachen gefasst, wozu „z. B. die Zerstörung von Eigentum wie etwa das Zerschlagen von Möbeln oder das Zerstören von Dingen, die für das Opfer einen besonderen Wert haben"[18] zählt. Kennzeichen dieser Form von Gewalt ist, dass sie sichtbare Verletzungen oder Zerstörungen hinterlässt.

---

[12] SCHUBERT/ KLEIN 2011, Online.
[13] LÖBMANN/ HERBERS 2005, S. 22.
[14] Häusliche Gewalt gegen Männer in der Pflege, durch Kinder und bei Männern mit Migrationskontext ist aufgrund des begrenzten Umfangs nicht Thema dieser Untersuchung.
[15] EBD., S. 23.
[16] IMBUSCH 2002, S. 38.
[17] LAMNEK ET AL. 2012, S. 114.
[18] EBD.

b Psychische Gewalt

Demgegenüber ist psychische Gewalt „nicht nur erheblich schwerer feststellbar, sondern kann auch bedeutend inhumaner sein als physische Gewalt."[19] Sie ist äußerlich nicht sichtbar und wirkt im Verborgenen. Ihr ganzes Ausmaß zeigt sich oft erst zeitversetzt und kann schwere Traumata bedingen.[20] Neben Drohungen, Nötigungen, Einschüchterungen, Entzug von Lebensnotwendigkeiten zählt auch die Androhung, sich selbst oder Dritte (Verwandte, Bekannte, Haustiere) zu verletzen, zu dieser Form.[21] Überdies werden emotionale Misshandlungen in verschiedene Kategorien unterteilt: verbale, soziale und ökonomische Gewalt, aber auch Stalking.

Verbale Gewaltformen beinhalten „Beschimpfungen, Abwertungen, wiederholte Beleidigungen und Diffamierungen [wie] etwa das Lächerlichmachen in der Öffentlichkeit [oder] abfällige Äußerungen."[22]

Unter **sozialer Gewalt** ist soziale Isolation zu verstehen. Sie zielt darauf ab, „die betroffene Person z. B. durch ein Kontaktverbot – Verwandte, Bekannte und Freunde betreffend – von wichtigen Bezugspersonen abzuschirmen"[23] und so die sozialen Netzwerke des Partners zu zerstören. Zwischen den Partnern kann soziale Gewalt auch durch Nichtbeachtung und Liebesentzug, sowohl auf emotionaler als auch auf sexueller Basis, ausgeübt werden.

Ökonomische Ausbeutung sowie **ökonomische Abhängigkeit** sind weitere besondere Erscheinungsformen psychischer Gewalt. Arbeitsverbote oder Zwang zur Arbeit, Beschlagnahmung des Lohns, alleinige Verfügungsmacht über finanzielle Ressourcen sowie das Verhindern finanzieller Selbstständigkeit, sind hierunter zu fassen.[24]

Stalking-Fällen liegt die Konstellation zugrunde, dass der Täter oder die Täterin gegen den Willen des Opfers eine nicht (mehr) erwünschte Beziehung aufnehmen oder aufrechterhalten will.[25] In der Fachsprache bezeichnet Stalking „einen Komplex von für das Opfer unerwünschten, belästigenden, bedrohlichen und/oder verletzenden Handlungen. Zu diesen Handlungen gehören sowohl strafbare Handlungen wie Beleidigung, Verleumdung, Verletzung des Brief- und Postgeheimnisses, Erpressung, Nötigung, Körperverletzung, Sachbeschädigung oder Hausfriedensbruch als auch Handlungen, die isoliert betrachtet recht harmlos erscheinen können wie: unerwünschte Anrufe, Zustellung von ‚Geschenken', Liebes-

---

[19] IMBUSCH 2002, S. 38.
[20] Vgl. EBD., S. 38 ff.
[21] Vgl. LAMNEK ET AL. 2012, S. 115.
[22] EBD., S. 115 ff.
[23] EBD., S. 115.
[24] Vgl. FRANKE ET AL. 2004, S. 194.
[25] Vgl. WALTER ET AL. 2004, S. 238.

briefen, E-Mails, Faxen etc."[26] Für den Betroffenen ergibt sich die schädigende Wirkung dabei meist erst in der Summe und im Kontext der unerwünschten Handlungen. Zudem sind oft auch die neuen Partner von Belästigungen und Drohungen betroffen.[27]

c Sexuelle Gewalt

Alle erzwungenen sexuellen Handlungen, von der Nötigung bis hin zur Vergewaltigung und dem Zwang zur Prostitution, stellen sexuelle Gewalt dar.[28] Nach juristischer Definition ist sexuelle Gewalt an Männern tatbestandlich überhaupt erst seit 1997 möglich.[29]

d Anmerkung zu den Erscheinungsformen

Häusliche Gewalt besteht in der Regel aus einem komplexen Ineinandergreifen verschiedener Gewalthandlungen.[30] Die dargestellten Formen wurden idealtypisch aufbereitet, um zu zeigen, welche Spannbreite häusliche Gewalt hat und dass sie sich nicht nur auf körperliche Gewaltakte beschränken lässt. Wie es sich mit der Geschlechterverteilung bei den einzelnen Formen verhält und welche Auffälligkeiten hier durch wissenschaftliche Erhebungen festgestellt werden konnten, wird unter Punkt B II erläutert.

3 Ursachen von und Risikofaktoren für häusliche Gewalt

„Auf die Frage nach den Ursachen von und Risikofaktoren für Gewalt in Paarbeziehungen gibt es keine einfachen Antworten."[31] Wie und wann Gewalt auftritt, hängt von kulturellen Gegebenheiten, Rollenverständnissen, Religionen, Ideologien, Weltanschauungen, biografischen Eigenheiten und der jeweiligen Partnerschaft ab.[32] Es existiert deshalb eine Vielzahl von Ansätzen, die sich überschneiden, aufeinander aufbauen oder miteinander vernetzt sind. Im Bereich der häuslichen Gewalt wird dabei auf allgemeine Theorien zurückgegriffen.[33]

a Theorien zu Gewaltursachen

Eine umfassende Darstellung einzelner theoretischer Ansätze ist im Folgenden aufgrund des begrenzten Rahmens dieses Buches nicht möglich. Daher werden nur die wichtigsten Ansätze zu den Ursachen häuslicher Gewalt dargelegt.

---

[26] WALTER ET AL. 2004, S. 237.
[27] Vgl. INGENBERG 2007, S. 185.
[28] Vgl. KESSLER ET AL. 2007, S. 7.
[29] Vgl. 33. StrÄndG.
[30] Vgl. NAVE-HERZ 2007, S. 83.
[31] EGGER/ SCHÄR MOSER 2008, S. 10.
[32] Vgl. BOCK 2003, S. 25.
[33] Vgl. GEMÜNDEN 1996, S. 54 ff.

Ausgangspunkt der **Lerntheorie** ist die Annahme, dass „der Gebrauch von Gewalt im Prozess der Sozialisation gelernt"[34] wird. Die von Bandura entwickelte Theorie des sozialen Lernens besagt, „daß neues Verhalten hauptsächlich durch Beobachten von Fremdverhalten [...] gelernt wird, und nur eher selten durch 'Ausprobieren' eigenen Verhaltens".[35] In Bezug auf häusliche Gewalt werden beobachtete „und erlittene Gewalt in der Herkunftsfamilie als Ursache des Gewaltauftretens in der Fortpflanzungsfamilie gesehen."[36] Kritisch anzumerken ist hier, dass es Menschen gibt, die trotz Gewalt in ihrer Herkunftsfamilie später keinerlei Gewalt anwenden und andere gewalttätig werden, die keinerlei Gewalterfahrung[37] gemacht haben.

Nach der **Konflikttheorie** sind partnerschaftliche Konflikte zwangsläufig Teil des sozialen Miteinanders und daher unvermeidbar. Ihren Nutzen haben diese Konflikte dann, wenn sie auf konstruktive Art und Weise bewältigt werden. Gewalt resultiert hingegen aus Konflikten, die nicht sachlich und mit verbalen Mitteln ausgetragen werden.[38] „Ohne Konflikte kommt es nicht zu Gewalt."[39]

Die **Ressourcentheorie** nach Goode erklärt häusliche Gewalt mit den Machtverhältnissen in einer Beziehung. Dabei geht Goode davon aus, dass eine Familie ein System ist, welches in einem gewissen Grad auf Macht basiert. Mit Hilfe der individuell zur Verfügung stehenden Ressourcen, kann ein Partner deshalb mehr oder weniger auf den anderen Einfluss nehmen.[40] Neben Gewalt zählen noch ökonomische Gesichtspunkte, soziale Achtung und Aspekte wie Freundschaft, Liebe und Attraktivität als Ressourcen. Wer von beiden Partnern weniger Ressourcen in die Partnerschaft einbringt, benötigt mehr Gewalt, um eine dominante Position einzunehmen. Je mehr das Streben nach Macht in einer Beziehung eine Rolle spielt, desto höher ist dabei die Wahrscheinlichkeit des Auftretens von Gewalt.[41]

Die **Austausch- und Kontrolltheorie** stellt eine Weiterentwicklung des ressourcentheoretischen Ansatzes dar. Familie wird „als System von Austauschbeziehungen [gesehen], die idealer Weise [sic!] ausgeglichen sind."[42] Materielle wie immaterielle Leistungen (Gefühle, Wertschätzung) halten sich durch gegenseitiges Geben und Nehmen idealerweise die Waage. Ist das Gleichgewicht gestört, weil z. B. bei einem Partner das Gefühl entstan-

---

[34] Lamnek et al. 2012, S. 102.
[35] Gemünden 1996, S. 63.
[36] Schwithal 2005, S. 16.
[37] Puchert et al. plädieren in ihrer Pilotstudie „Gewalt gegen Männer" dafür, den Begriff „Gewalterfahrung" durch „Gewaltwiderfahrnis" zu ersetzen, da dieser nicht wie eine Erfahrung etwas Positives bedeute, sondern etwas gegen eine Person Gerichtetes; vgl. Puchert et al. 2004, S. 23 f. Aufgrund des gängigeren Sprachgebrauchs verwendet die Autorin in dieser Arbeit aber weiterhin den Begriff „Gewalterfahrung".
[38] Vgl. Gemünden 1996, S. 68.
[39] Ebd.
[40] Vgl. Goode 1971, S. 624.
[41] Vgl. Gemünden 1996, S. 71 ff.
[42] Lamnek et al. 2012, S. 102.

den ist, benachteiligt zu sein, können Streit und Gewaltanwendung entstehen.[43]

Ein differenziertes Modell zur Erklärung von Gewalt bietet das sogenannte **ökologische Modell der Weltgesundheitsorganisation**, welches auf vier Ebenen die zahlreichen Einflüsse und ihr Zusammenwirken bei der Entstehung von häuslicher Gewalt systematisiert.

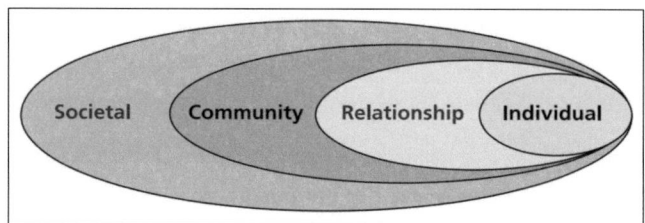

Abbildung 1: Ökologisches Erklärungsmodell der Entstehung von Gewalt[44]

Im Zentrum der *individuellen Ebene (Individual)* stehen persönliche und biologische Faktoren, die beeinflussen, wie sich der einzelne Mensch verhält und die ihn eher zum Gewaltopfer oder -täter werden lassen. Auf der zweiten Ebene ist die *Beziehungsebene (Relationship)* verortet, welche Rückschlüsse auf die Interaktion in den nahen zwischenmenschlichen Beziehungen und auf ein eventuell erhöhtes Risiko, Opfer oder Täter zu werden, zulässt. Die dritte Ebene fokussiert sinnstiftende Umfelder der *Gemeinschaft (Community)* eines Menschen, wie etwa Nachbarschaft, Arbeitsplatz, Schule oder Vereine. Soziale Isolation oder gewaltbejahendes Verhalten im Umfeld stellen hier eine Gefahr dar. Ebene vier erstreckt sich auf die *Gesellschaft (Societal)*. Soziale und kulturelle Normen (Geschlechterrollen, Umgang mit Gewalt auf rechtlicher, politischer und medialer Ebene) können ein gewaltförderndes oder ein gewaltlosen Klima schaffen.[45] Dieses mehrschichtige Modell der Weltgesundheitsorganisation berücksichtigt die Tatsache, dass es nie einzelne Ursachen sind, die Gewaltakte oder Gewaltlosigkeit bedingen und dass die unterschiedlichen Ursachen durch jeweils andere beeinflusst werden.[46]

b Risikofaktoren für Gewalthandlungen

Da es keine Studien gibt, die spezielle Risikofaktoren bei der Gewalt gegen Männer untersuchen, sind die folgenden Risikofaktoren aus der Sicht der bisher an Gewalt gegen Frauen orientierten Forschung zu sehen. Eine qualitative Gleichsetzung der Risikofaktoren für Gewalt von Männern gegen Frauen und Frauen gegen Männern scheint aufgrund der heutigen Datenlage nur mit besonderer Vorsicht möglich.[47]

---

[43] Vgl. LAMNEK ET AL. 2012, S. 102 ff.
[44] WELTGESUNDHEITSORGANISATION 2002, S. 13.
[45] Vgl. EBD., S. 13 ff.
[46] Vgl. EGGER/ SCHÄR MOSER 2008, S. 12.
[47] Vgl. EBD., S. 14.

Zu den Risikofaktoren, die die Entstehung von Gewalt fördern können, zählen auf *indivi-dueller Ebene* insbesondere Gewalterfahrungen in der Herkunftsfamilie,[48] erhöhter Alkohol-oder Drogenkonsum, antisoziales Verhalten außerhalb der Partnerschaft und Stress.[49] Auf der *Ebene der Partnerschaft und der Gemeinschaft* ergeben sich diese Risikofaktoren: ungleiche Machtverteilung in der Partnerschaft, häufige Konflikte und der Umgang damit, Stress, fehlen-de Bewältigungsstrategien, kritische Lebensereignisse (Schwangerschaft, Krankheit), sozia-le Isolation, psychische Krankheit oder Erwerbslosigkeit eines Partners, Kinder, großer Alters-unterschied, belastende Elemente wie Alkohol sowie Übergangssituationen, die eine Verän-derung der eigenen Rolle mit sich bringen (Heirat, Geburt, Trennung).[50] Als Schutzfaktoren hingegen gelten ein respektvoller Umgang miteinander, Gleichstellung der Partner, ange-messene Selbstwahrnehmung sowie ein konstruktiver Umgang mit Gefühlen und Konflikten.[51]

Über diese allgemeinen Faktoren hinaus bergen Trennungssituationen ein erhöhtes Risiko für die Gewalteskalation, da sie häufig mit einem Machtkampf um die Aufteilung des gemeinsa-men Eigentums und das Sorgerecht für die Kinder einhergeht.[52] Sowohl in homo- wie auch heterosexuellen Beziehungen treten in der Trennungsphase vermehrt Fälle von telefonischer Belästigung, Verfolgung und Bedrohung auf.[53]

c Anmerkung zu den Ursachen und Risikofaktoren

Nach der theoretischen Abhandlung von Ursachen wie Risikofaktoren bleibt zu beachten, dass weder einzelne Theorien zu den Ursachen noch eine Liste mit Risiko- und Schutzfaktoren das Auftreten oder Ausbleiben von häuslicher Gewalt erklären können. Diese ist ein komplexes multifaktorielles Geschehen, bei dem unterschiedliche Ursachen und Risikofaktoren auf ver-schiedenen Ebenen in vielfältiger Weise zusammenwirken.[54] Sofern hier durch die Forschung Besonderheiten bezüglich Ursachen und Risiken speziell bei Gewalt gegen Männer im häusli-chen Bereich eruiert werden konnten, werden auch diese auch unter Punkt B II dargestellt.

4 Folgen von häuslicher Gewalt für die Betroffenen

„Das Opfer gibt es nicht. Vielmehr gehen einzelne Opfer von Gewalttaten mit ihrem Opfer-erlebnis sehr unterschiedlich um."[55] Inwieweit ähnliche Verletzungen bei Männern und Frauen unterschiedlich bewertet werden und dann verschiedene Handlungsstrategien (wie Selbstbehandlung, Arztbesuch oder Polizeinotruf) nach sich ziehen,[56] wurde bisher kaum

---

[48] Vgl. LAMNEK/ LUEDTKE 2005, S. 52; EGGER/ SCHÄR MOSER 2008, S. 18 f.
[49] Vgl. EGGER/ SCHÄR MOSER 2008, S. II, 19 ff.; MÜLLER/ SCHRÖTTLE 2012, S. 683.
[50] Vgl. EGGER/ SCHÄR MOSER 2008, S. II f., 21 ff.; LAMNEK/ LUEDTKE 2005, S. 54 f.
[51] Vgl. EGGER/ SCHÄR MOSER 2008, S. II.
[52] Vgl. LENZ 2000a, S. 39.
[53] Vgl. INGENBERG 2007, S. 185.
[54] Vgl. EGGER/ SCHÄR MOSER 2008, S. II, IV, 10 ff.
[55] LENZ 1996, S. 143.
[56] Vgl. LAMNEK/ LUEDTKE 2005, S. 63.

systematisch eruiert.[57] Dennoch ist bei beiden Geschlechtern zunächst zwischen primärer und sekundärer Viktimisierung zu unterscheiden.

a Primäre Viktimisierung

Unter primärer Viktimisierung sind unmittelbar opferorientierte Wirkungen zu verstehen, mithin Verletzungsfolgen, die sich sofort einstellen.

Mögliche **körperliche Verletzungen** sind hier z. B. blaue Flecken, Prellungen, Verletzungen im Gesicht, Schürfwunden, Verstauchungen, Brandwunden, offene Wunden, Knochenbrüche und innere Verletzungen bis hin zum Tod.[58] *Tötungsdelikte* zwischen Intimpartnern treten im Gegensatz zu Gewalthandlungen verhältnismäßig selten auf. Aufgrund ihrer Schwere sollen sie in diesem Buch jedoch nicht unerwähnt bleiben, da diese Gewaltfolge insbesondere in den Partnerschaften auftritt, in denen es zu früheren Zeitpunkten bereits schwere gewalttätige Auseinandersetzungen gab – unabhängig davon, ob es sich um ein männliches oder weibliches Opfer handelte.[59]

Folgen auf der **Ebene der Psyche** sind nicht sichtbar und lassen sich deshalb nur schwer feststellen. Dabei ist „aus einigen Befragungen bekannt, daß gerade die emotionalen Verletzungen meist die bedeutendsten, die tiefgreifendsten sind, bei Männern wie bei Frauen."[60] Zu nennen sind hier Symptome wie Niedergeschlagenheit, Schlafstörungen, vermindertes Selbstwertgefühl bis hin zu Depressionen, vermehrte Ängste bis hin zu Angststörungen, Konzentrationsschwäche, aggressives Verhalten gegenüber anderen, sexuelle Probleme, dauerndes Grübeln, Stresssymptome, posttraumatische Belastungsstörungen, Essstörungen und Suizidalität. Psychosomatische Beschwerden können sich z. B. in Form von Kopfschmerzen, Magen-Darm-Problemen, Schwindel oder Blutdruckschwankungen einstellen.[61] Daneben werden Probleme im Umgang mit dem Partner, Schwierigkeiten in sozialen Beziehungen, Rückzug und Isolation als soziale Folgen bezeichnet.[62] Gewalt kann zudem zu gesundheitsgefährdenden Verhaltensweisen führen: Bei dem Versuch, die psychischen Belastungen zu bewältigen, ist häufig auch der Griff zu Zigaretten und Alkohol, aber auch zu Drogen oder Medikamenten, zu beobachten.[63]

Eine weitere Folge von Gewalthandlungen ist deren **Verdrängung und Neutralisierung**. Dies ist ein „charakteristisches Verhalten, das für Opfer beiderlei Geschlechts typisch ist: Sie übernehmen die Schuld, oder zumindest eine Mitverantwortung, für das gewalttätige

---

[57] Vgl. MÜLLER/ SCHRÖTTLE 2012, S. 678.
[58] Vgl. RÖMER 2008, Online.
[59] Vgl. SCHWITHAL 2005, S. 289, 310 ff.
[60] LENZ 1996, S. 158.
[61] Vgl. SCHLACK ET AL. 2013, S. 755.
[62] Vgl. MÜLLER/ SCHRÖTTLE 2012, S. 677 f.
[63] Vgl. RÖMER 2008, Online.

Verhalten des Partners oder der Partnerin und bewerten die Situation als ihr persönliches Versagen. Sie suchen nach Erklärungen und entschuldigen damit den Täter."[64] Ist es dem Betroffenen nicht mehr möglich, das Verhalten des Gegenübers zu verdrängen, stellen folgende Strategien die häufigste Bewältigungsform dar:

- Normalisierung: Der Gewaltakt wird nicht als Gewaltakt bewertet.
- Bagatellisierung: Der Gewaltakt wird als undramatisch und folgenlos eingestuft.
- Rechtfertigung: Der Betroffene gibt sich selbst die Schuld für den Gewaltakt.
- Entschuldigung: Das Gegenüber wird als „betrunken", „verrückt" o. Ä. angesehen.
- Bilanzierung: Die Nachteile eines Beziehungsendes sind vermeintlich gravierender als das Aushalten in der Beziehung.
- Problematisierung: Der Gewaltakt dient als Grund zu einem ausführlichen Diskurs.[65]

Verdrängungs- sowie Neutralisierungsmechanismen greifen nach Ingenberg besonders bei Männern mit Kindern, die mehr unter Verlustängsten als unter dem gewalttätigen Verhalten der Partnerin leiden. Statt sich zu trennen, bleiben sie deshalb oft lange in dieser Beziehung.[66]

b Sekundäre Viktimisierung

Neben den direkten Folgen haben Gewalthandlungen auch indirekte Folgen. Diese ergeben sich aus den Reaktionen des privaten wie professionellen Umfeldes auf die Mitteilung der erfolgten Gewalthandlung. Mit negativen Reaktionen geht die Tabuisierung des Vorfalls oder auch eine gesellschaftliche Ächtung einher.[67] Während das „Outing"[68] bei Frauen inzwischen oft eine Verbesserung ihrer materiellen, psychischen, sozialen und rechtlichen Lage darstellt,[69] empfinden viele Männer ihre Opferrolle „als unmännlich, was bei einigen Männern während des Viktimisierungsprozesses zu besonderen, gewissermaßen geschlechtsspezifisch bedingten, zusätzlichen Verletzungen führt"[70].

Häufig sehen sich Männer nicht als Opfer. Wenn sie sich doch Hilfe suchen, erhalten sie meist weder Unterstützung aus dem familiären oder freundschaftlichen Umfeld noch aus dem sozialen oder rechtlichen Bereich. Ihre Glaubwürdigkeit wird in Frage gestellt, weil die Vorstellung, häusliche Gewalt sei stets männliche Gewalt, immer noch verbreitet ist. Betroffene Männer müssen damit rechnen, ausgelacht oder zumindest belächelt zu werden

---

[64] INGENBERG 2007, S. 185.
[65] Vgl. GEMÜNDEN 2003, S. 350.
[66] Vgl. INGENBERG 2007, S. 186.
[67] Vgl. EBD., S. 187.
[68] Als „Outing" wird das öffentliche Bekanntmachen einer Tatsache (insbesondere von Homosexualität) bezeichnet; vgl. http://www.duden.de/rechtschreibung/outen, zuletzt geprüft am 29.03.2015. Vorliegend wird unter dem Terminus „Outing" das öffentliche Bekanntmachen des Umstandes, Opfer von häuslichen Gewalthandlungen zu sein, verstanden.
[69] Vgl. BOCK o.A., S. 108.
[70] LENZ 1996, S. 157.

und/oder die Schuld an der Gewalteskalation zugeschrieben zu bekommen. Häufig sehen sie sich auch mit dem Vorwurf konfrontiert, es letztlich sogar verdient zu haben. Die Rolle als „Fiesling" oder wahlweise als „Trottel" ist ihnen sicher.[71]

c Anmerkung zu den Folgen

Gewaltopfer tragen neben den offensichtlichen auch „unsichtbare", meist längerfristige Verletzungen davon. Wie dargestellt sind Männer besonders – sozusagen „doppelt" – durch die sekundäre Viktimisierung betroffen: Von häuslicher Gewalt betroffene Männer sehen sich in der Regel erst spät selbst als Opfer und wenn sie sich dann outen, laufen sie Gefahr, dass ihre Problematik von ihrem Umfeld nicht ernst genommen oder tabuisiert wird.

5 Resümee zu den Erscheinungsformen, Ursachen und Folgen

Zu den Erscheinungsformen, Ursachen und Folgen häuslicher Gewalt lässt sich zusammenfassend festhalten, dass diese von der Autorin fast ausschließlich in geschlechtsunspezifischer Form dargestellt und männliche Besonderheiten lediglich bei den sekundären Folgen gesondert behandelt werden konnten. Um repräsentative Aussagen über männliche Opfer treffen zu können, ist eine geschlechtsspezifischere Forschung notwendig, die nicht nur Frauen als Opfer im Blick hat.[72] Die wenigen bisherigen Erkenntnisse speziell bei männlichen Opfern im Kontext häuslicher Gewalt werden im Folgenden aufgezeigt.

II Verbreitung häuslicher Gewalt gegen Männer
– Aktueller Forschungsstand

Die Recherche zum Thema führte dabei zu einer hohen Trefferquote bei der Begrifflichkeit „Gewalt gegen Frauen" und einer vergleichsweise geringen bei „Gewalt gegen Männer". Diese wenigen Treffer reduzierten sich bei der gezielten Suche nach männlichen Opfern häuslicher Gewalt sogar noch weiter. Deshalb ist es der Autorin umso mehr ein Anliegen, nun die Verbreitung häuslicher Gewalt gegen Männer mit Hilfe des aktuellen Forschungsstandes zu eruieren und auf sie aufmerksam zu machen.

Die Thematik wurde zunächst durch Forschungen in den USA aufgegriffen, in Deutschland hingegen sind Männer als Opfer bisher weitestgehend unberücksichtigt. Frauen werden praktisch ausschließlich als Opfer und Männer als Täter befragt, so dass die Datenlage entsprechend unzureichend ist. Darüber hinaus erschweren männerspezifische Mechanismen

---

[71] Vgl. BOCK o.A., S. 108; INGENBERG 2007, S. 188.
[72] Vgl. INGENBERG 2007, S. 188.

wie Scham oder der Mythos des „starken" Mannes die Wahrnehmung und die Erforschbarkeit dieses Bereichs.[73]

Im Folgenden werden deshalb Resultate zur Thematik aus der Hell- wie Dunkelfeldforschung so umfassend dargestellt, wie es die aktuelle Forschungslage und der Umfang dieses Buches zulassen. Ein Anspruch auf Vollständigkeit besteht indes nicht.

1 Daten aus dem Hellfeld polizeilicher Kriminalstatistik

Untersuchungen des sogenannten Hellfeldes messen die Fälle, die in einem festgelegten Zeitraum in klinischen Studien oder Polizei- und Kriminalitätsstatistiken „ans Licht kommen". Bei der polizeilichen Kriminalstatistik sind dies in der Regel die zur Anzeige gebrachten Fälle, wobei die Inzidenz meist ein Jahr beträgt.[74] Gemessen wird daher „ein sehr ‚spätes' Resultat von Handlungsketten und Bewertungsvorgängen. Es dauert sehr lange, bis ein Opfer das Verhalten eines Täters als Gewalt bewertet und sich dazu durchringt, Anzeige zu erstatten und Hilfe zu suchen. Männern fällt dies schwerer als Frauen."[75]

Auf Basis der Daten der polizeilichen Kriminalstatistik „lässt sich ganz allgemein sagen, dass für Frauen hinsichtlich der Gewalterfahrungen die Familie bzw. der familiale und partnerschaftliche Kontext der gefährlichste Ort ist, für Männer eher der öffentliche Raum."[76] Außerhäusliche Gewalt miteinbezogen, wird Gewalt gegen Männer nach diesen Statistiken meist von Männern verübt, während Frauen nur 10 bis 20 % aller Gewaltdelikte verantworten. Die Gewalttätigkeit von Frauen ist demnach weitgehend auf den häuslichen Bereich beschränkt.[77]

Die Polizei Berlin führt seit 2004 Erhebungen und Analysen speziell zur häuslichen Gewalt durch. Im Jahr 2013 wurden 15.971 Fälle von Gewalt in diesem Bereich registriert. Davon stellten 13.166 Opferdelikte dar, bei denen 75,7 % weibliche und 24,3 % männliche Personen Opfer dieser Straftaten waren. In neun Fällen handelte es sich dabei um vollendete Tötungsdelikte, in sechs Fällen blieb es beim Versuch. In über der Hälfte der Delikte wurden Körperverletzungen verzeichnet und jede fünfte Tat geschah unter Alkoholeinfluss. Die zweithäufigste Tat bei männlichen Tatverdächtigen war Bedrohung, bei weiblichen Tatverdächtigen hingegen gefährliche und schwere Körperverletzung.[78] Lamnek et. al. vermuteten hier, dass Männer einen Vorfall möglicherweise häufiger erst dann meldeten, wenn es zu gravierenden körperlichen Verletzungen gekommen war.[79]

---

[73] Vgl. WYSS 2006, S. 9, 13, 16 ff.
[74] Vgl. BANZHAF ET AL. 2006, S. 4.
[75] EBD.
[76] LAMNEK ET AL. 2012, S. 117.
[77] Vgl. LENZ 2000a, S. 37 f.
[78] Vgl. DER POLIZEIPRÄSIDENT IN BERLIN o.A., S. 159 ff.
[79] Vgl. LAMNEK ET AL. 2012, S. 120.

Die Evaluation einer Forschungsgruppe um Kavemann bezüglich des Modellversuchs „Platzverweis" in der Berliner Polizeidirektion 7 ergab folgende Verteilung nach Geschlecht:

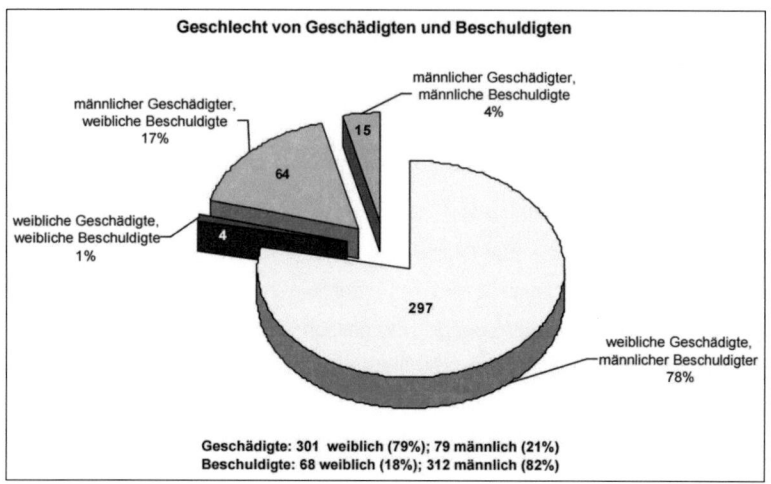

Abbildung 2: Geschlecht von Geschädigten und Beschuldigten[80]

Sowohl aus der polizeilichen Kriminalstatistik als auch aus obigem Schaubild wird deutlich,
dass Männer in circa 20 % der Fälle von Gewalt in Partnerschaften betroffen waren. Dies
ist unter der Prämisse, dass gerade bei Gewalt in Partnerschaften nur ein Bruchteil der
Delikte angezeigt wird und solche Statistiken in der Folge nur eine begrenzte Auskunft über
das effektive Geschehen „hinter verschlossenen Türen" geben können,[81] eine nicht
unerhebliche Anzahl von männlichen Opfern partnerschaftlicher Gewalttaten.

2 Daten aus dem Dunkelfeld kriminologischer und soziologischer Studien

Neben der Erforschung des Hellfeldes widmet sich eine andere Forschungsrichtung dem
sogenannten Dunkelfeld, also dem Bereich, der nicht an die Öffentlichkeit dringt. Durch
Befragungen und Interviews wird in der Regel die Prävalenz gemessen.[82] Ziel ist dabei die
Erhellung des Dunkelfeldes. Zudem werden umfassende Erkenntnisse zur Lebenswelt der Befragten gewonnen. Gewalttätiges Verhalten wird zu einem sehr frühen Zeitpunkt im „norma-
len" Alltag erfasst.[83] Aufgrund von äußeren wie inneren Hürden der Befragten verliert die
Forschung auf dem Weg aus dem Dunkel- ins Hellfeld aber die meisten Opfer bzw. vorwiegend die meisten männlichen Opfer, da diesen ein Outing oft besonders schwerfällt.[84]

---

[80] KAVEMANN 2002.
[81] Vgl. WYSS 2006, S. 12; INGENBERG 2007, S. 185.
[82] Vgl. KRAHÉ 2003, S. 370.
[83] Vgl. BANZHAF ET AL. 2006, S. 4.
[84] Vgl. BOCK 2002, S. 29 f.

In Deutschland wurden zur Erhellung zunächst kriminologische Opferbefragungen durchgeführt, wie die *Opferstudie des Max-Planck-Instituts und des Bundeskriminalamts* 1990 oder die *Opferbefragung des kriminologischen Forschungsinstituts Niedersachsens und des Bundesministeriums für Familie, Frauen und Jugend* von 1987 bis 1991. Diese kamen zu dem Ergebnis, dass häusliche Gewalt gegen Männer untererfasst war und Frauen wie Männer in der Familie gleich häufig Opfer häuslicher Gewalt wurden (Gewalt von und gegen Geschwister, Eltern und andere Haushaltsmitglieder einbezogen).[85] Aufgrund dieser Ergebnisse wurden weitere statistische Untersuchungen, basierend auf verschiedenen Datenquellen wie Messmethoden durchgeführt. Als Datenquellen dienten insbesondere sozialwissenschaftliche Untersuchungen, basierend auf Face-to-Face-Interviews, anonymen Fragebögen oder telefonischen Befragungen. Die bisher am häufigsten gewählte Messmethode zur Untersuchung körperlicher Gewalt in Partnerschaften stellt die sogenannte „Conflict Tactics Scale" dar.[86]

a **Die Messmethode der Conflict Tactics Scale**

Bei der abgebildeten Conflict Tactics Scale handelt es sich um einen von Straus 1992 entwickelten „Index, der eine ganze Bandbreite an physischen und nicht-physischen Akten umfasst, mit denen Männer und Frauen Konflikte in Intimbeziehungen zu lösen versuchen."[87]

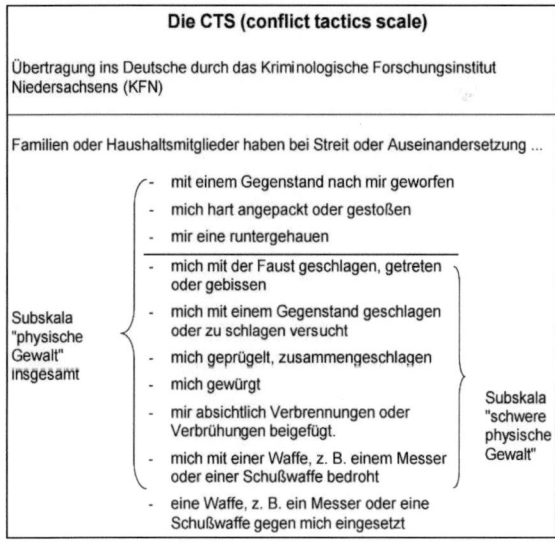

Abbildung 3: Die Conflict Tactics Scale[88]

---

[85] Vgl. DEUTSCHES JUGENDINSTITUT e.V./ STATISTISCHES BUNDESAMT 2005b, S. 640 f.
[86] Vgl. SCHWITHAL 2005, S. 21 f., 26 ff.
[87] DOBASH/ DOBASH 2002, S. 924.
[88] BOCK 2002.

Die Verhaltensweisen der Skala reichen vom Werfen eines Gegenstands bis hin zum Einsatz von Waffen und sollen messbar machen, welche Verhaltensweisen wie oft bei tätlichen Auseinandersetzungen im Familienalltag zum Tragen kommen.[89]

<u>Leistungen und Grenzen der Conflict Tactics Scale</u>
Aufgrund des in der Forschung bestehenden Methodenstreits um die Konfliktskala, werden die Leistungen wie auch die Grenzen dieses Messinstruments veranschaulicht.

Das Verfahren der Conflict Tactics Scale gilt nach Schwithal – aus Mangel an Alternativen – „momentan als die beste Form der Operationalisierung von Gewalt.“[90] Sie misst als einzige zuverlässige Messmethode die Prävalenz von Gewalt,[91] indem sie sich strikt auf das Verhalten der Intimpartner begrenzt und ohne Verfälschung durch geschlechtsspezifische Deutungen „zeigt, was los war".[92] Auf diese Weise können parallele Angaben über das eigene sowie das Verhalten des Partners registriert und Abschätzungen einer Übereinstimmung von Selbst- und Fremdwahrnehmung vorgenommen werden.[93] Darüber hinaus ermöglicht die Tatsache, dass die Konfliktskala von einem Großteil der Forschenden genutzt wird, einen direkten Vergleich der Daten.[94]

Die Konfliktskala wird aber auch vielfach kritisiert. Kritikpunkte sind dabei insbesondere:

- Die Skala habe eine begrenzte Anzahl von Wahlmöglichkeiten bei den Antworten.
- Die Skala berücksichtige das Ausmaß der hervorgerufenen Verletzungen nicht.
- Die Datenerhebung der Skala erfolge retrospektiv.
- Der Kontext der Gewalt werde nicht berücksichtigt.
- Die Skala messe nur leichte Gewalttaten.
- Gewalt werde nur für den Zeitraum eines Jahres abgefragt.[95]

Die Conflict Tactics Scale erfasst in der Tat nur die in ihr aufgeführten körperlichen Gewalthandlungen. Andere körperliche Gewaltakte wie Kratzen entgehen ihr ebenso, wie alle Formen psychischer, sozialer und ökonomischer Gewalt.[96] Auch das Ausmaß, welches eine Gewalthandlung für den Betroffenen hat, findet keinen Eingang in die Konfliktskala. So werden beispielsweise ein einmaliger Schlag mit der Hand ins Gesicht und ein Schlag, dem eine schwere Misshandlung vorausgeht, unterschiedslos als Schlag kategorisiert. Auch ein Partner, der den anderen mit einem Gegenstand bewirft, gilt nach der Skala in gleichem Maße

---

[89] Vgl. KAVEMANN 2002, S. 46.
[90] SCHWITHAL 2005, S. 33.
[91] Vgl. BOCK 2002, S. 35.
[92] BOCK 2003, S. 29.
[93] Vgl. KRAHÉ 2003, S. 371.
[94] Vgl. SCHWITHAL 2005, S. 33.
[95] Vgl. EBD., S. 30 ff.
[96] Vgl. BOCK o.A., S. 109.

als gewalttätig, wie jemand, der sein Gegenüber systematisch verprügelt.[97] Die retrospektive Erhebung der Daten kann zur Folge haben, dass sich Befragte an leichte Formen von Gewalt nicht mehr erinnern können und schwere Folgen aus Scham nicht angegeben werden.[98] Unberücksichtigt bleibt auch der Gewaltkontext, also die Frage nach der Situation, in der jemand gewalttätig wurde, und dem jeweiligen Grund. Handelte es sich um Selbstverteidigung oder einen gezielten Verletzungsangriff?[99] Schwere, chronische Gewaltformen sind ebenfalls nicht Teil der Messung. Zuletzt begrenzt der Messzeitraum von zwölf Monaten die Erfassung lang andauernder Gewaltbeziehungen.[100]

Ergebnis der Studien basierend auf der Conflict Tactics Scale

Zwar weist die auf der Conflict Tactics Scale basierende Forschung, wie aufgezeigt, einige methodische und strukturelle Probleme auf, ihre Ergebnisse sind aber nicht als wertlos einzuschätzen, insbesondere weil sie verdeutlichen, dass gewalttätige Handlungen im Familienalltag fast an der Tagesordnung sind. Ihre Aussagekraft ist allerdings dahin gehend eingeschränkt, dass mit der Skala nur spontanes Konfliktverhalten gut dargestellt werden kann. Systematisches Kontrollverhalten entgeht der Messung.[101] Alle mit der Conflict Tactics Scale durchgeführten Studien kamen zu dem Ergebnis, dass bei der Ausübung von Gewalt in Partnerschaften nahezu ein Gleichgewicht zwischen Männern und Frauen herrschte und/ oder dass bei Frauen das Potential für das Zufügen von Verletzungen höher war (ausgenommen die Verletzungsschwere, die bei Gewalthandlungen von Männern höher war).[102] Darüber hinaus „initiier[t]en Frauen sogar etwas häufiger Gewalt als Männer"[103], so dass sie sich im häuslichen Bereich insgesamt nicht friedfertiger und passiver verhielten als ihre Partner.[104] Bei Partnertötungen, Polizeinotrufen aufgrund von Beziehungsstreitigkeiten, bei Strafanzeigen wegen Körperverletzungen und bei Scheidungsuntersuchungen hingegen dominierte nach den Ergebnissen der Konfliktskala die Gewalt von Männern gegen ihre Partnerinnen.[105] Das Geschlecht spielte demnach bei innerpartnerschaftlichen Gewaltakten eine eher zu vernachlässigende Rolle, es lag eine sogenannte Gendersymmetrie vor. Soziale, persönliche und kulturelle Einflüsse waren bei Männern und Frauen gleichermaßen wirksam.[106]

---

[97] Vgl. DOBASH/ DOBASH 2002, S. 924; KAVEMANN 2002, S. 46.
[98] Vgl. SCHWITHAL 2005, S. 31.
[99] Vgl. KAVEMANN 2002, S. 46.
[100] Vgl. SCHWITHAL 2005, S. 32.
[101] Vgl. MÜLLER/ SCHRÖTTLE 2012, S. 672 f.
[102] Vgl. DOBASH/ DOBASH 2002, S. 923 f.; GEMÜNDEN 2003, S. 337.
[103] GEMÜNDEN 2003, S. 341.
[104] Vgl. EBD.
[105] Vgl. EBD., S. 337.
[106] Vgl. DOBASH/ DOBASH 2002, S. 924.

Weiterentwicklung zur Conflict Tactics Scale 2

Mitte der 1990er Jahre wurde die ursprüngliche Conflict Tactics Scale überarbeitet und erweitert. Ausgehend von der Überlegung, dass ein Konflikt die notwendige Voraussetzung für Gewalt ist, wurde eine Liste mit drei Formen der Konflikthandhabung ergänzt. Diese enthält vernünftiges Konfliktlösen durch gemeinsames Aushandeln, verbal-aggressives Verhalten wie Beleidigen, Fluchen, Schmollen oder das Androhen von Gewalt und letztlich körperliche Gewalt.[107] Darüber hinaus wird in die Befragung nun auch der situative Kontext, in dem sich Gewalt ereignet – also Reaktionen des Opfers, Motive, Verletzungen und die Schwere der Konsequenzen von Partnergewalt – einbezogen.[108]

Resümee zur Messmethode der Conflict Tactics Scale

In der abschließenden Betrachtung der Conflict Tactics Scale schließt sich die Autorin den Worten Schwithals an: Die Konfliktskala ist ein „Messinstrument, das sich trotz aller Kritik als gängiges und zuverlässiges Instrument – besonders in seiner neuesten Form – in der Gewaltforschung etabliert hat. Vor allem die Tatsache, dass sich die meisten Studien zu Gewalt zwischen Intimpartnern dieses Mittels bedienen, ermöglicht eine relativ problemlose Vergleichbarkeit der erhobenen Daten verschiedener Studien, die ohne Conflict Tactics Scale in dieser Form nicht möglich wäre."[109]

b   Studie zur Gewalt in der Familie aus 2002

Lamnek und Luedtke führten mit der Katholischen Universität Eichstätt-Ingolstadt 2002 eine Studie zur Belastung von Familien mit Partner- und Eltern-Kind-Gewalt durch. Grundgesamtheit der Erhebung waren Familienhaushalte in Bayern mit mindestens einem Kind im Alter von 14 bis 18 Jahren. Männer wurden in ihrer Rolle als Vater bzw. Partner und Frauen in ihrer Rolle als Mutter bzw. Partnerin befragt. Vorliegend wird der Abschnitt zur Partnergewalt dargestellt. Aufgrund der kleinen Stichprobe sind die Ergebnisse der Studie explorativer Natur.[110]

Zu den Hintergründen

Die Datengewinnung erfolgte mit Hilfe einer computergestützten Telefonbefragung, wobei sowohl der Begriff der Gewalt als auch der der Familie eng definiert wurde. Partnergewalt lag ausschließlich bei Anwendung illegitimen Zwangs durch leichte bzw. schwere körperliche Gewaltanwendung gegenüber dem Partner vor. Als Familie galten nur zweigeschlechtliche Ehepaare mit biologischem oder sozialem Nachwuchs. Die Prävalenz wurde insgesamt und innerhalb der letzten 30 Tage gemessen. Die Befragung umfasste 2009 Haushalte, bei denen in 1.253 Fällen ein vollständiges Interview geführt werden konnte. Bei der

---

[107] Vgl. LAMNEK ET AL. 2012, S. 59 f.
[108] Vgl. KRAHÉ 2003, S. 371; GEMÜNDEN 2003, S. 339.
[109] SCHWITHAL 2005, S. 35.
[110] Vgl. LAMNEK/ LUEDTKE 2005, S. 45 f.; LAMNEK ET AL. 2012, S. 55 f.

Ausfallquote handelte es sich um 75 % Verweigerung und 25 % systematische Ausfälle (z. B. Anschluss nicht geschaltet, niemand erreichbar). 40 % der Befragten waren männlich, 60 % weiblich, so dass Frauen überrepräsentiert waren.[111]

Ergebnisse der Studie

Die Auswertung der Telefonbefragung ergab folgende Ergebnisse:

Verbreitung

Circa 66 % der befragten Personen gaben an, dass bei ihnen körperliche Gewalt keine Rolle spiele. Der Anteil körperlich gewaltbelasteter Partnerschaften betrug nur circa 6 %. Lamnek und Luedtke führten hier als Erklärung für diese vergleichsweise geringe Gewaltquote an, dass potentielle Gewalttäter sich möglicherweise geweigert hatten am Interview teilzunehmen oder dass nur langjährig verheiratete Paare befragt worden waren, die vermutlich deshalb schon so lange zusammen waren, weil bei ihnen körperliche Gewalt weniger eine Rolle spielte.[112]

Erscheinungsformen und Geschlechterverhältnis

Bei den Befragten war es in fast drei Vierteln aller Fälle schon einmal zu einer Ohrfeige bzw. einem Schlag mit der flachen Hand gekommen, gefolgt von Tritten (33 %), Schlägen mit Gegenständen (15 %) oder der Faust (10 %). Frauen bildeten unter den mit Partnerschaftsgewalt belasteten Haushalten die Mehrheit der Opfer (58 %), Männer die kleinere Gruppe (42 %). Mehrheitlich (circa 60 %) war nur einer der Partner gewaltaktiv, d. h. das Opfer hatte sich weder gewehrt noch war es von sich aus gewaltaktiv geworden. Dabei waren Männer in allen Fällen, in denen sie Opfer körperlicher Gewalt durch ihre Partnerin wurden – ungeachtet der Schwere der Gewalthandlung – „unschuldige" Opfer, d. h. die Gewalt ging (anders als in der Regel bei Gewalt von Männern gegen ihre Frauen) ausschließlich von der Partnerin aus. Bei 40 % der Partnerschaften waren beide Partner gegeneinander gewalttätig. Auffällig ist zudem, dass Männer signifikant häufiger als Frauen angaben, schon einmal Opfer geworden zu sein (6 % gegenüber circa 3 %).[113]

Motivation und Hintergründe

Zumeist war die Anwendung von Gewalt eine affektive Reaktion. Ärger über den Partner oder das Gefühl, hilflos zu sein, bildeten die Hauptmotive, wobei Ärger über den Partner bei allen befragten Frauen und nur der Hälfte der Männer der Grund dafür war, gegenüber dem Partner Gewalt anzuwenden. Der Einsatz von Gewalt, um den Partner zu disziplinieren („der Partner hat widersprochen"), kam dagegen nur in 20 % der Fälle vor. In 25 % der Fälle

---

[111] Vgl. LAMNEK/ LUEDTKE 2005, S. 45 f.; LAMNEK ET AL. 2012, S. 55 f.
[112] Vgl. LAMNEK/ LUEDTKE 2005, S. 46 ff.
[113] Vgl. EBD., S. 48 ff.

wurde Alkohol für die Gewalthandlung verantwortlich gemacht. Gewalterfahrung in der Herkunftsfamilie erhöhte die Wahrscheinlichkeit von Gewalt in der eigenen Familie um den Faktor 4,5. Das Geschlechtsrollenverständnis hingegen hatte nur sehr begrenzt Einfluss und Haushalte mit der Kennzeichnung von paritätischer Entscheidungsfindung waren am wenigsten von Partnergewalt betroffen.[114]

Reaktionen der Opfer

40 % der Betroffenen setzten sich nicht gegen den Partner zur Wehr. Lamnek und Luedkte erklärten dies damit, dass sich die Betroffenen möglicherweise nicht getraut oder aber die Gewalthandlung nicht als reaktionswürdig betrachtet hatten. Circa 50 % schrien den Partner an (80 % der Frauen, aber lediglich 40 % der Männer), 25 % lachten das Gegenüber aus und weniger als 20 % schlugen zurück. Nur 17 % der Opfer suchten sich schon externe Hilfe – am häufigsten bei Freunden (75 %), bei den Eltern (50 %) und in einer Beratungsstelle (66 %).[115] Die Polizei wurde in einem einzigen Fall kontaktiert. Die Suche nach externer Hilfe unterschied sich eindeutig nach Geschlecht: rund 40 % der geschlagenen Frauen, aber nur ein Mann holten sich Hilfe von außen. Die männlichen Opfer sahen Gewalt eher als „Privatsache", sie schämten sich mehr, Schläge durch ihre Partnerin zuzugeben und ihre Glaubwürdigkeit wurde im Allgemeinen geringer eingeschätzt als bei Frauen.[116]

Zusammenfassung der Ergebnisse der Studie zur Gewalt in der Familie

Die wichtigsten Ergebnisse dieser Studie lassen sich wie folgt zusammenfassen:

- In 40 % der Partnerschaften wurde Gewalt wechselseitig verübt.
- In 60 % war der Mann oder die Frau Alleintäter. War in solchen Fällen der Mann das Gewaltopfer, hatte er sich in keinem Fall gewehrt oder war selbst gewaltaktiv geworden.
- Männer gaben häufiger an, Opfer von Gewalthandlungen geworden zu sein.
- Das Hauptmotiv für die Gewaltanwendung von Frauen war Ärger über den Partner.
- 40 % der Frauen suchten sich externe Hilfe, aber nur ein einziger Mann.
- Männer gingen mit Gewalterfahrungen anders um als Frauen.

c   Pilotstudie „Gewalt gegen Männer" aus 2004

Die Pilotstudie „Gewalt gegen Männer" wurde durch das Bundesministerium für Familie, Senioren, Frauen und Jugend 2002 vor dem Hintergrund in Auftrag gegeben, dass in Deutschland bis dahin kaum aktuelle repräsentative Daten zu Gewalt gegen Männer vorlagen. Die Durchführung oblag dem Forschungsverbund Gewalt gegen Männer. Inhalte der Studie sind Erforschbarkeit, Ausmaß und Formen der Gewalt gegen Männer im Allge-

---

[114] Vgl. LAMNEK/ LUEDTKE 2005, S. 50 ff.
[115] Aufgrund von Mehrfachnennungen der Befragten ergeben sich hier über 100 %.
[116] Vgl. LAMNEK/ LUEDTKE 2005, S. 55 ff.

meinen.[117] Gewalterfahrungen von Männern wurden in Kindheit und Jugend, Wehr-/ Zivildienst und Krieg sowie im Erwachsenenalter erforscht. Die nachfolgenden Darstellungen beziehen sich ausschließlich auf Gewalt gegen Männer in Lebensgemeinschaften.

Zu den Hintergründen

Im Gegensatz zu der 2004 ebenfalls im Auftrag des Bundesministeriums für Familie, Senioren, Frauen und Jugend veröffentlichen Studie "Lebenssituation, Sicherheit und Gesundheit von Frauen in Deutschland", die mit 10.264 Frauen erhoben wurde, beschränkte sich die Pilotstudie „Gewalt gegen Männer" auf 298 Probanden – wovon nur 190 speziell zu häuslicher Gewalt befragt wurden.[118] Aufgrund dieser sehr kleinen Datenbasis ist auch diese Studie explorativer Natur.[119]

Definitorisch lag der Studie ein relativ weit gefasster Begriff von Gewalt zugrunde, der neben körperlichen auch psychische und sexuelle Gewaltformen erfasst. Die Studie war auf einen Zeitraum von zwei Jahren angelegt. Nach einer Phase der Literaturrecherche, wurden 21 qualitative Interviews mit Experten aus Beratungs- und Hilfsorganisationen geführt und im Anschluss 32 Männer in leitfadengestützten Befragungen interviewt. Abschließend nahmen noch 266 Probanden an mündlichen, quantitativen Interviews teil, wovon 190 einen schriftlichen Zusatzfragebogen zu häuslicher Gewalt ausfüllten. Die Reihenfolge bei der Beantwortung war zudem gewichtet, so dass die am häufigsten genannten Antworten die jeweilige Liste anführten. Grundsätzlich bezogen sich die Angaben auf die aktuelle Partnerschaft.[120]

Ergebnisse der Studie

Der von 190 Befragten aufgefüllte Zusatzfragebogen bildete die Basis für die Ergebnisse zu männlichen Opfern im häuslichen Bereich, die sich wie folgt darstellen:[121]

Ausmaß und Häufigkeit von körperlicher Gewalt

Mehr als jeder vierte Mann gab an, (zumindest) einen Akt der benannten körperlichen Gewalthandlungen durch seine Partnerin erlebt zu haben. „Verprügelt oder zusammengeschlagen" worden sei nach eigenen Angaben keiner der Männer. Dabei ist auffällig, dass die Gewalterfahrungen im Alter abnahmen. Bis zum Ruhestand gaben 36 % der Männer an, Opfer geworden zu sein, danach nur noch 12 %.[122] In welchen weiteren Formen und in welchem Ausmaß körperliche Gewalt vorkam, ist folgendem Schaubild zu entnehmen:

---

[117] Vgl. PUCHERT ET AL. 2004, S. 15 f.
[118] Vgl. LAMNEK ET AL. 2012, S. 127.
[119] Vgl. EBD., S. 196; PUCHERT ET AL. 2007a, S. 30.
[120] Vgl. PUHE ET AL. 2004, S. 30 ff.
[121] Fallgeschichten aus den qualitativen Interviews mit männlichen Opfern häuslicher Gewalt finden sich in der Langfassung der Pilotstudie auf S. 202 ff. (Ausmaß und Reaktionen des Umfeldes) und S. 231 ff. (Stalking).
[122] Vgl. WALTER ET AL. 2004, S. 196 ff.

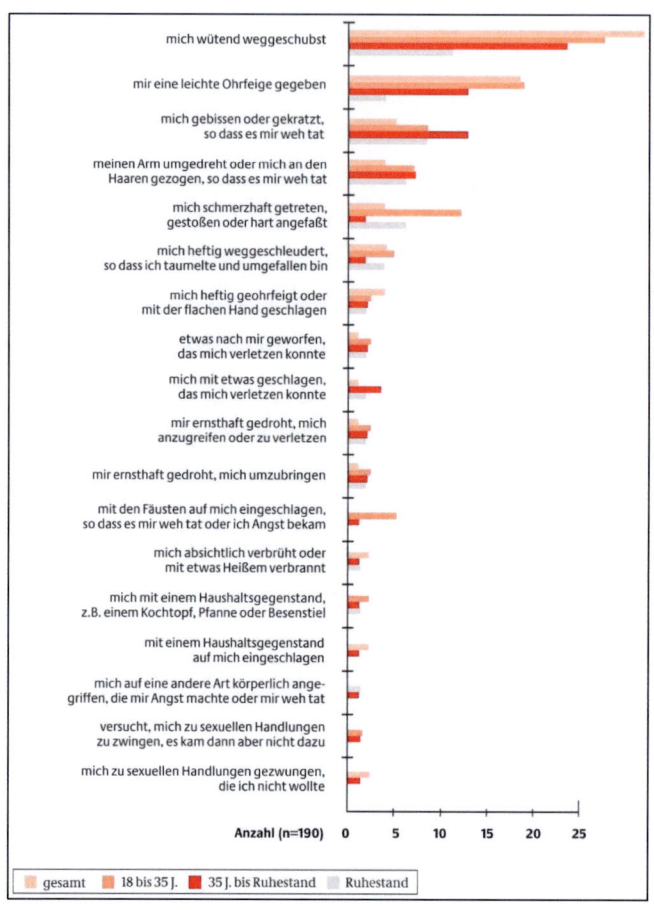

Abbildung 4: Körperliche Gewalt durch Partnerin in aktueller Partnerschaft[123]

Verletzungsfolgen von körperlicher Gewalt

67 % der männlichen Befragten erlitten nach eigenen Angaben keine Verletzungen. Bei 21 % zeigten sich blaue Flecken oder Prellungen. An körperliche Schmerzen konnten sich 7 % erinnern, während 5 % äußerten, eine Körperverletzung oder Verletzungen im Gesichtsbereich davongetragen zu haben. Knochenbrüche, Gehirnerschütterungen, innere Verletzungen folgten auf jeweils circa 2 % der weiblichen Gewalthandlung. Knapp 9 % der Männer wollten hierzu keine Angaben machen. Fast jeder fünfte Mann hatte in einer solchen Situation bereits Angst und knapp 60 % fühlten sich hilflos oder ausgeliefert.[124]

---

[123] WALTER ET AL. 2004, S. 197.
[124] Vgl. EBD., S. 199.

Ausmaß und Häufigkeit von psychischer Gewalt

Die Auswertung der Daten zeigte in erster Linie, dass Männern psychische Gewalt in Partnerschaften häufiger widerfuhr als körperliche. Neben direkten psychischen Gewalt-handlungen wie Beleidigung oder Demütigung, spielte die soziale und finanzielle Kontrolle der Männer durch ihre Frauen eine wichtige Rolle. Bei etwa jedem fünften Mann war die Partnerin eifersüchtig und unterband die Kontakte zu anderen. Kontrolle von Aktivitäten, Post, Telefon oder E-Mails durch die Partnerin kannte jeder sechste Mann. Am stärksten betroffen waren hier Männer von 36 Jahren bis zum Ruhestand.[125] Formen und Ausmaß werden auch an dieser Stelle anhand von Schaubildern verdeutlicht:

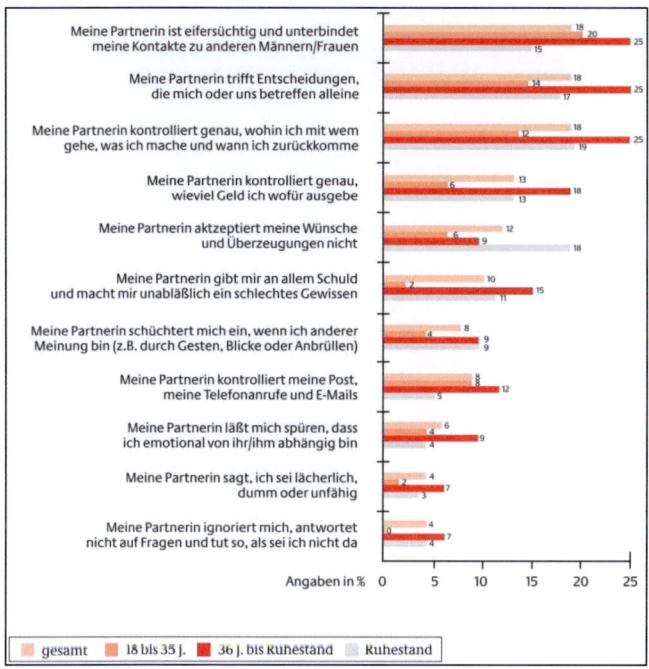

Abbildung 5: Psychische Gewalt und/oder Kontrolle durch Partnerin[126]

---

[125] Vgl. WALTER ET AL. 2004, S. 207 f.
[126] EBD., S. 208; Angaben in Prozent.

25

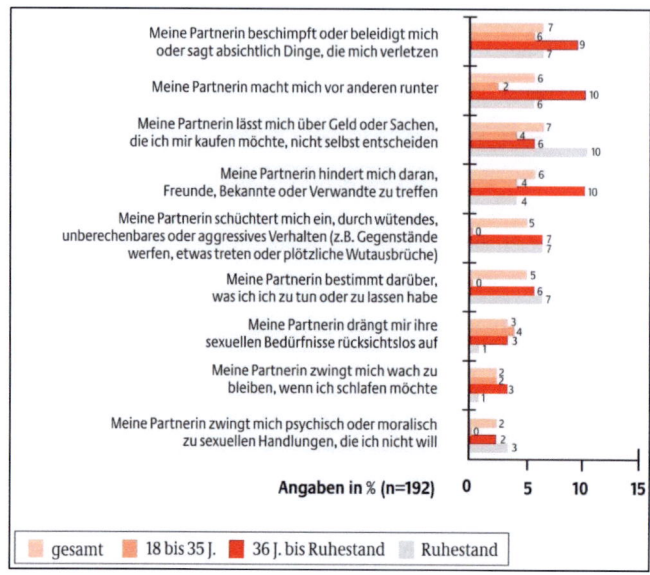

Abbildung 6: Psychische Gewalt durch Partnerin[127]

Verletzungsfolgen von psychischer Gewalt

Mangels Fragen zu Verletzungsfolgen von psychischer Gewalt konnte die Pilotstudie hier keine Erkenntnisse gewinnen.[128]

Ausmaß und Häufigkeit von sexueller Gewalt

Die wenigen Nennungen zum Bereich der sexuellen Gewalt ergaben, dass ein Mann von seiner Partnerin zu sexuellen Handlungen gezwungen wurde, bei einem weiteren blieb es beim Versuch der Partnerin. Fünf Männer sagten, ihre Partnerin dränge ihnen rücksichtslos ihre sexuellen Bedürfnisse auf und drei Männer gaben an, ihre Partnerin würde sie psychisch zu sexuellen Handlungen drängen, die sie nicht wollten.[129]

Zusammenhänge zwischen den verschiedenen Gewaltformen

Männer, die von ihren Partnerinnen sozial kontrolliert wurden, waren deutlich gefährdeter auch körperlichen Gewaltakten ausgesetzt zu sein. Ansonsten traten psychische und körperliche Gewalt unabhängig voneinander auf. Je mehr von der einen Gewaltform ausgeübt wurde, desto mehr wurde auch von der anderen ausgeübt und anders herum.[130]

---

[127] WALTER ET AL. 2004, S. 209; Angaben in Prozent.
[128] Vgl. EBD.
[129] Vgl. EBD., S. 210.
[130] Vgl. EBD., S. 213 f.

Reaktion der männlichen Opfer

Fast die Hälfte der antwortenden Männer hatte sich nie körperlich gegen die Angriffe der Frau gewehrt und rund zwei Drittel hatte nach eigenen Angaben in keinem Fall mit körperlicher Gewalt angefangen.[131] Im Umkehrschluss bedeutet dies, „dass mehr als jeder zehnte Mann, der in einer Partnerschaft mit einer Frau lebt oder lebte, einseitig körperliche Gewalt durch seine Partnerin erlitten hat."[132] Und obwohl einige der Männer das Erlebte als Gewalt einstuften, schaltete kein einziger die Polizei ein. Als Grund hierfür gaben rund 81 % der Männer an, so etwas könne sich in Paarbeziehungen manchmal ereignen.[133]

Zusammenfassung der Ergebnisse der Pilotstudie

Die Pilotstudie „Gewalt gegen Männer" kam zu dem Ergebnis, dass

- 25 % der Männer mindestens einmal körperliche Gewalt durch die Partnerin erlebt hatten,
- mehr als 65 % bei körperlichen Gewaltakten keine Verletzungen davon getragen hatten,
- sich 50 % der Männer in solchen Situationen nie gewehrt hatten,
- kein Mann die Polizei gerufen hatte,
- psychische Gewalt gegen Männer häufiger vorgekommen war als körperliche,
- circa 18 % von ihren Partnerinnen Kontaktverbote erhalten hatten oder kontrolliert worden waren und
- Männer in geringem Umfang Opfer sexueller Gewalt durch die Partnerin geworden waren.[134]

Häusliche Gewalt geht nach diesen Erkenntnissen quantitativ zu einem erheblichen bis etwa gleichen Anteil von Frauen aus. Im Vergleich dazu wird aber mehrheitlich vertreten, dass „Frauen allerdings häufiger und/oder schwerer verletzt werden."[135]

d   Studie zur Gesundheit Erwachsener in Deutschland aus 2013

Das Robert Koch-Institut gab im Rahmen seines Gesundheitsmonitorings eine Studie zur Gesundheit Erwachsener in Deutschland mit dem Ziel in Auftrag, über die „geschlechtsspezifischen Häufigkeiten und kontextspezifischen Verteilungen körperlicher und psychischer Gewaltopfererfahrung sowie Gewaltausübung in der deutschen Erwachsenenbevölkerung zu berichten und den Zusammenhang mit Belastungs- und Unrechtserleben zu untersuchen."[136]

Zu den Hintergründen

Im Zeitraum von 2008 bis 2011 wurden 5.939 in Deutschland lebende Personen zwischen 18 und 79 Jahren auf ihre aktiven und passiven Gewalterfahrungen hin untersucht. Darunter

---

[131] Vgl. WALTER ET AL. 2004, S. 200 f.; siehe Schaubilder.
[132] EBD., S. 201.
[133] Vgl. EBD., S. 199.
[134] Vgl. EBD., S. 242.
[135] EBD.
[136] SCHLACK ET AL. 2013, S. 755.

befanden sich 3.149 Frauen und 2.790 Männer. Die Erfassung erstreckte sich auf körperliche wie psychische Gewalthandlungen, nicht aber sexuelle. Zunächst wurden die eigenen Opfer-, dann die Tätererfahrungen über die letzten zwölf Monate erhoben. Gewalterfahrungen im häuslichen Bereich wurden darüber hinaus in Bezug zu Gewalterfahrungen im außerhäuslichen Bereich gesetzt.[137]

Ergebnisse der Studie
Um diesen Bezug nicht zu verlieren, werden vorab kurz die Ergebnisse aus dem außerhäuslichen Bereich, dann die aus dem häuslichen dargelegt:

Außerhäusliche Gewalterfahrungen im Geschlechterverhältnis
Am Arbeitsplatz und im öffentlichen Raum waren Männer in höherem Maße von körperlicher Gewalt betroffen als Frauen (4 % zu 0,5 %). Bei psychischer Gewalt waren nur leichte Unterschiede in der Betroffenheit von Männern und Frauen auszumachen (5 % zu 3 %). Bei der Ausübung von körperlicher Gewalt konnte festgestellt werden, dass Männer dies eher gegenüber Unbekannten und Frauen eher gegenüber ihrem Partner einsetzen.[138]

Häusliche Gewalterfahrungen im Geschlechterverhältnis
Im häuslichen Bereich zeigte sich, dass Männer und Frauen in fast identischer Häufigkeit Opfer von Gewalthandlungen des Partners wurden (0,9 % zu 1,2 %).[139]

Reaktionen der Opfer im Geschlechterverhältnis
Grundsätzlich erlebten männliche wie weibliche Gewaltopfer die Belastung durch die Gewalthandlungen als hoch, wobei körperliche Gewalt das Befinden stärker beeinträchtigte als psychische. Männer waren im Gegensatz zu Frauen bei körperlicher Gewalt aber signifikant höher belastet als Frauen (83 % zu 47 %), während sich beide Geschlechter bei psychischer Gewalt wieder in etwa gleich stark beeinträchtigt fühlten.[140]

Zusammenfassung der Ergebnisse bezogen auf männliche Opfer häuslicher Gewalt
Im Ergebnis der Pilotstudie wurden Männer vergleichbar häufig Opfer körperlicher Gewalt wie Frauen. Sie erlebten körperliche Opfererfahrungen aber als belastender.

Kritik an der Pilotstudie und Ausblick
Die Pilotstudie geriet nach ihrer Veröffentlichung vielfach in Kritik. So wiesen das Nationale Frauennetzwerk und Schröttle darauf hin, dass Gewalt bzw. Partnergewalt nicht geschlechtersensibel erfasst, wichtige methodische Standards der Forschung zu Gewalt und Gesundheitsfragen ignoriert worden und keine differenzierte Analyse von Formen, Schweregraden

---

[137] Vgl. SCHLACK ET AL. 2013, S. 755 f.
[138] Vgl. EBD., S. 758 f.
[139] Vgl. EBD.
[140] Vgl. EBD., S. 760.

wie Folgen der Gewalt erfolgt sei. Überdies sei das speziell für die Pilotstudie erarbeitete Befragungsmodul bis zur Unkenntlichkeit gekürzt worden.[141] Das Robert Koch-Institut nahm diese Kritik zur Kenntnis und erklärte sich bereit, in Zusammenarbeit mit Experten einen revidierten Beitrag zu erarbeiten.[142] Eine derartige Revision ist zum Zeitpunkt der Verfassung dieses Buches noch nicht veröffentlicht worden.

e Länderspezifische Untersuchungen anhand Schwithals Metaanalyse

Da die Erforschung männlicher Opfer und weiblicher Täter bei häuslicher Gewalt noch sehr rudimentär und der Fokus überwiegend auf männliche Täter gerichtet ist, unterzog Schwithal 2004 mehrere hundert internationale Gewaltstudien einer Metaanalyse. Indem Schwithal nur Studien berücksichtigte, die sowohl männliche als auch weibliche Gewalthandlungen analysierten, versuchte er, sich der Thematik so geschlechtsneutral wie möglich zu nähern.[143]

Zu den Hintergründen

Aus den USA fanden der *National Crime Survey* bzw. *National Crime Victimization Survey* und die *Family Conflict Studies* Eingang in die Analyse. Darüber hinaus waren Gewaltstudien aus Kanada, Australien, Großbritannien (unter anderem mit dem *British* und *Scottish Survey*) und aus Ländern, wie Neuseeland, Korea, Frankreich, Schweden, Mexiko, Südafrika, Israel, Spanien sowie Deutschland Teil der Untersuchung. Zu den deutschen Daten zählten insbesondere die polizeiliche Kriminalstatistik, Studien im Auftrag des Bundesministeriums für Familie, Senioren, Frauen und Jugend[144] und weitere Untersuchungen[145]. Zur Darstellung der Studienergebnisse erarbeitete Schwithal systematische Übersichtstabellen, in denen er jeweils die Art, den Umfang und den Zeitbezug der gemessenen Gewalt gegenüberstellte und zudem die Geschlechterverteilung zwischen verübter und erlittener Gewalt berücksichtigt.[146]

Ergebnisse der Metaanalyse

Die Ergebnisse der Metaanalyse internationaler Studien zu Gewalt in Partnerschaften waren:

Ausmaß körperlicher Gewalt im Geschlechterverhältnis

Unter Berücksichtigung der Ergebnisse von 42 Studien fiel auf, dass Frauen mit 55 % sogar etwas häufiger zu leichten Formen körperlicher Gewalt griffen als Männer mit 45 %. Opfer von leichter körperlicher Gewalt hingegen waren beide Geschlechter in etwa gleich häufig

---

[141] Vgl. SCHRÖTTLE, S. 1 ff.; NATIONALES NETZWERK FRAUEN UND GESUNDHEIT 2015, S. 1 ff.
[142] Vgl. ROBERT KOCH-INSTITUT 2013, Online.
[143] Vgl. SCHWITHAL 2005, S. 1 f.
[144] Diese sind: *Studie des kriminologischen Forschungsinstituts zur Kriminalität im Leben älterer Menschen* von 1992; *Studie zur Lebenssituation, Sicherheit und Gesundheit von Frauen in Deutschland* von 2002; *Pilotstudie „Gewalt gegen Männer"* von 2004.
[145] Wie beispielsweise von der ehemaligen sogenannten Gewaltkommission oder die *Studie zur Gewalt in der Familie der Universität Eichstätt-Ingolstadt* von 2002.
[146] Vgl. SCHWITHAL 2005; beispielsweise für Deutschland im Anschluss an S. 115.

(Männer 51 %, Frauen 49 %). Laut 94 Studien waren Männer mit 52 % von schweren Gewalt-handlungen leicht häufiger betroffen als Frauen mit 48 %. Umgekehrt verhielt es sich mit der Täterschaft. Diese lag – wie auch bei den leichteren Gewaltformen – mit 53 % eher in den Händen der Frauen als der Männer. Frauen verwendeten überdies signifikant öfter Waffen, wodurch es in diesem Bereich fast 66 % männliche Opfer zu verzeichnen gab.[147]

Ausmaß psychischer Gewalt im Geschlechterverhältnis

Unter Berücksichtigung von 18 ausgewerteten Studien waren Männer seltener Opfer psychi-scher Gewalthandlungen als Frauen (45 % zu 55 %). Dagegen übten beide Geschlechter im etwa selben Verhältnis psychische Gewalt gegenüber ihrem Partner aus.[148]

Ausmaß sexueller Gewalt im Geschlechterverhältnis

Frauen waren laut 55 Studien bedeutend öfter Opfer sexueller Gewalt als Männer, aber auch diese waren „im weitaus größeren Ausmaß als bisher angenommen"[149] von sexueller Gewalt betroffen. Die Quote im Geschlechterverhältnis betrug hier 60 % bei den Frauen zu 40 % bei den Männern. Männer wendeten häufiger als Frauen sexuelle Gewalt an (58 % zu 42 %).[150]

Risikofaktoren

Sekundäranalytisch ergaben sich folgende Erkenntnisse zu den Risikofaktoren für häus-liche Gewalt: Personen unter 30 Jahren waren in der Regel besonders von Gewalt be-troffen, wobei Gewalterfahrung in der Herkunftsfamilie für eine spätere Täterschaft oder Viktimisierung entscheidend war. Gewalt in Partnerschaften durchzog alle gesellschaftlichen Schichten, war aber in der unteren sozialen Schicht signifikant häufiger anzutreffen. Alkohol begünstigte das Entstehen von Gewalthandlungen ebenso wie Stress, Eifersucht und das Bedürfnis nach Macht oder Kontrolle.[151]

Folgen körperlicher Gewalt im Geschlechterverhältnis

Frauen trugen laut 70 Studien häufiger körperliche Verletzungen davon und nahmen häufiger medizinische Hilfe in Anspruch als Männer (57 % zu 43 %). Der Unterschied zum Ausmaß von Verletzungen bei Männern war aber bedeutend geringer als gemeinhin angenommen.[152]

Folgen psychischer Gewalt im Geschlechterverhältnis

Beide Geschlechter gewichteten die psychischen Folgen einer Gewalthandlung als schwer-wiegender als körperliche. Depression, Schlaf- und Appetitlosigkeit und Angstzustände be-klagten Frauen und Männer gleichermaßen. So berichteten 40 % der misshandelten Männer

---

[147] Vgl. SCHWITHAL 2005, S. 133 ff.
[148] Vgl. EBD., S. 130, 132 ff.
[149] EBD., S. 138.
[150] Vgl. EBD., S. 137 f.
[151] Vgl. EBD., S. 231 ff.
[152] Vgl. EBD., S. 139 ff.

davon, dass sie nach den körperlichen Gewaltakten emotionale Verletzungen davongetragen hatten. Folgeerscheinungen wie Trauer oder Depression betrafen 35 %, Gefühle von Angst und Scham 15 % und 10 % fühlten sich ungeliebt oder hilflos.[153]

Zusammenfassung der Ergebnisse der Metaanalyse Schwithals
Zusammengefasst ergab Schwithals Auswertung der internationalen Studien folgendes:

- Beide Geschlechter übten in etwa vergleichbarem Maße körperliche wie psychische Gewalt auf den Partner aus.
- Sexuelle Gewalt wurde mehrheitlich von Männern, aber auch von Frauen verübt.
- Auf drei verletzte Frauen kam ein verletzter Mann.
- Körperliche Verletzungen hatten meist ein geringfügiges Ausmaß.
- Psychische Folgeerscheinungen wogen oft schwerer als körperliche Folgen.[154]

f Metaanalysen von Archer, Fiebert und Gemünden

Neben Schwithal erstellten auch Archer, Fiebert und Gemünden sekundäranalytische Studien zur Geschlechterverteilung bei häuslicher Gewalt.

Metaanalysen von Archer und Fiebert
Archer unterzog insgesamt 82 Untersuchungen einer Reanalyse und Gesamtinterpretation, während Fiebert mehr als 130 Studien überprüfte. Die Mehrheit dieser Studien basierte auf der bereits dargestellten Conflict Tactics Scale.[155] Beide Forscher kamen zu dem Ergebnis, dass Männer und Frauen gleich häufig von häuslicher Gewalt betroffen waren, häusliche Gewalt mithin geschlechtersymmetrisch verteilt war. Frauen trugen allerdings häufiger wahrzunehmende Verletzungen davon als Männer. Gewalthandlungen wurden aber oft wechselseitig „ausgetauscht".[156] Auch bei diesen Metaanalysen wurde Kritik an der in 70 % aller Untersuchungen verwendeten Messmethode der Conflict Tactics Scale geübt. Zudem war die Gruppe der jungen Erwachsenen mit insgesamt rund 40 % überrepräsentiert. Aus diesen Gründen ist ein kritischer Umgang mit den Ergebnissen der Sekundäranalyse von Nöten.[157]

Metaanalyse von Gemünden
Gemünden wertete ebenfalls empirische Untersuchungen zu Gewalt gegen Männer im Vergleich zu Gewalt gegen Frauen aus. Dabei kam er zu dem Ergebnis, Gewalt gegen Männer sei kein anerkanntes Thema innerhalb der Forschung und stehe im Widerspruch zur männlichen Geschlechterrolle. Gewalt gegen Männer sei aber empirisch evident, denn Frauen verhielten sich nicht friedlicher als Männer. Vielmehr glichen sie ihre geringe

---

[153] Vgl. SCHWITHAL 2005, S. 143 f.
[154] Vgl. EBD., S. 145.
[155] Vgl. MÜLLER 2003, S. 510; GEMÜNDEN 2003, S. 338; KRAHÉ 2003, S. 373.
[156] Vgl. GLOOR/ MEIER 2003, S. 529 f.; BOCK 2002, S. 28 ff.
[157] Vgl. GLOOR/ MEIER 2003, S. 531 f.; MÜLLER 2003, S. 510.

körperliche Stärke durch den Einsatz von Gewaltmitteln – wie durch Werfen oder Zuhilfenahme von Gegenständen – aus. Frauen handelten überdies aus anderen Motiven als Männer. Trotzdem eigne sich die Existenz der Gewalt gegen Männer nicht dazu, Gewalt gegen Frauen zu bagatellisieren, da diese in der Regel schwerer verletzt wurden.[158]

Zusammenfassung der Ergebnisse der Metaanalysen von Archer, Fiebert und Gemünden

Trotz etwaiger Kritik an den Metaanalysen ist augenfällig, dass alle zum selben Ergebnis kamen: Männer und Frauen waren in gleichem Maße Opfer häuslicher Gewalt.

3   Statistiken aus Hilfe- und Beratungsangeboten der Sozialen Arbeit

Neben den Daten aus der Hell- wie Dunkelfeldforschung tragen auch Statistiken aus Beratungsstellen dazu bei, einen Einblick in die Verbreitung von häuslicher Gewalt gegen Männer zu gewinnen. Diese geben aber nur eine selektive Auswahl der Betroffenen wieder, die sich tatsächlich Hilfe gesucht haben, so dass die Ergebnisse auch hier nicht repräsentativ sind. Aufgeführte Hilfeangebote werden unter Punkt C IV 2 genauer behandelt.

a   Männerbüro Hannover e. V.

Das Männerbüro Hannover erhebt in Bezug auf männliche Opfer im häuslichen Bereich seit 2007 eine Statistik für die Stadt und seit 2013 eine für die Region Hannover. Diesen Erhebungen sind folgende Zahlen zu entnehmen:[159]

Anzahl männlicher Opfer

Die Mitarbeiter des Männerbüros zählten in der Stadt Hannover in den Jahren 2007 bis 2013 insgesamt 1065 und in der Region in den letzten zwei Jahren weitere 301 Fälle von häuslicher Gewalt gegen Männer – also bisher 1366 betroffene Personen. In beiden Erfassungsräumen stiegen die Zahlen von Jahr zu Jahr kontinuierlich an. So erhielten 2007 in der Stadt erst 95 und 2013 bereits 233 Männer Hilfe. Dieser Effekt zeichnet sich auch für die Region ab, in der die Zahl Betroffener von 2013 auf 2014 um 55 anstieg.

Zugänge zur Beratungsstelle

Im Jahr 2013 wurden von den 356 männlichen Opfern aus Stadt und Region knapp 95 % durch die Polizei an das Männerbüro vermittelt. Nur rund jeder zwanzigste Mann suchte eigeninitiativ die Beratungsstelle auf. Auffällig ist hier, dass in der Region mit circa 2 % der Betroffenen weniger Männer aktiv auf die Suche nach Hilfe machten als in der Stadt mit circa 6 % der Betroffenen.[160] Hier liegt die Vermutung nahe, dass es Männern im regionalen

---

[158] Vgl. GEMÜNDEN 1996, S. 282 ff.; LENZ 2000a, S. 38.
[159] Vgl. MÄNNERBÜRO HANNOVER e. V. 2008-2014, 2014-2015. Die Statistiken des Männerbüros Hannover befinden sich vollständig im Anhang dieses Buches.
[160] Vgl. MÄNNERBÜRO HANNOVER e. V. 2014a, 2014b.

Bereich möglicherweise schwerer fällt, sich als Opfer zu sehen und/oder es dort mehr tabuisiert ist, sich externe Hilfe zu holen.

Insgesamt wurden im selben Jahr 233 Personen pro-aktiv kontaktiert und 138 beraten. Die Anzahl der Beratungen belief sich dabei auf 218. Auch hier zeigten sich teils große Unterschiede zwischen Region und Stadt. Die Mitarbeiter des Männerbüros traten in der Region an sämtliche männlichen Opfer telefonisch oder postalisch heran, während in der Stadt Hannover lediglich 47 % pro-aktiv über die Beratungsmöglichkeit informiert wurden. Von den Männern aus der Region erklärten sich 94 % zur Erstberatung bereit, während sich die Männer aus der Stadt nur in knapp 9 % der Fälle auf ein solches Angebot einließen.[161] Auf die Tatsache, dass fast alle Männer der Region entsprechende Hilfeangebote wahrnahmen, könnte das aktive Zugehen des Männerbüros Hannover einen großen Einfluss gehabt haben. Aufschlussreich ist aber zudem die Erkenntnis, dass mit Betroffenen aus der Region im Durchschnitt nur ein Beratungsgespräch stattfand, d. h. es bei einem Erstgespräch geblieben ist. Betroffene aus der Stadt hingegen nahmen im Mittel an fast vier Beratungsgesprächen teil.[162] Dies könnte viele Gründe gehabt haben: So war es für Männer aus der Stadt infrastrukturell vielleicht einfacher die Beratungsstelle aufzusuchen. Da von ihnen aber nur knapp die Hälfte pro-aktiv kontaktiert wurde, war es denen, die es zur Beratung schafften, möglicherweise ernster oder die Not größer, unbedingt etwas ändern zu wollen. Sie sahen ohne externe professionelle Hilfe eventuell keine Möglichkeit mehr, der häuslichen Gewalt zu entfliehen. Männer aus der Region dagegen könnten aufgrund des pro-aktiven Zugehens der Beratungsstelle zunächst einmal die unverfängliche Einladung zum Erstgespräch wahrgenommen haben, sich dann aber entweder ausreichend beraten gefühlt oder aus anderen Gründen, z. B. aus Furcht vor einem möglichen Bekanntwerden des Opferseins, einer nicht so großen persönlichen Verzweiflung oder aber auch wegen praktischer Einwände (weite Anfahrt, erhöhte Sprit-/ Bahnkosten) zu keinen weiteren Gesprächen bereit erklärt haben.

Demographische Hintergründe der Betroffenen

Das Alter der über den Zeitraum von 2007 bis 2014 erfassten Opfer lag zu fast 70 % zwischen 26 und 60 Jahren. In jedem vierten Haushalt lebten Kinder und 42 % der Männer erlebten Gewalt durch ihre aktuelle, rund ein Drittel durch ihre Ex-Partnerin.[163]

Erscheinungsformen der Gewaltakte

39 % aller betroffenen Männer erlitten dabei nach eigenen Angaben eine Körperverletzung, 19 % sogar eine gefährliche. Rund 15 % der Männer wurden von ihrem Gegenüber bedroht, 9 % beleidigt oder genötigt. Ein Verstoß gegen das Gewaltschutzgesetz wurde nur in knapp

---

[161] Vgl. MÄNNERBÜRO HANNOVER e. V. 2014a, 2014b.
[162] Vgl. EBD.
[163] Vgl. MÄNNERBÜRO HANNOVER e. V. 2008-2014, 2014-2015.

1 % der Fälle festgestellt. Bei 10 % lag eine Sachbeschädigung vor. Opfer von sexualisierter Gewalt wurden 0,25 % der Männer. Sonstige Gewalthandlungen beliefen sich auf circa 32 % und in knapp einem Viertel aller Fälle wurden Gegenstände bzw. Waffen gegen die Männer eingesetzt.[164] In den Statistiken des Männerbüros werden hier unter anderem aufgezählt: Apfel und Hundekauknochen, Baseballschläger, Flasche (zwölf Fälle), Regenschirm, Pistole, Schlüssel, kochendes Wasser (drei Fälle), Pantolette, Rasierklinge, Trinkglas, Fleischgabel, Vase, Nudelholz, Bügeleisen (zwei Fälle), Absatzschuh (drei Fälle), Hammer, Handtasche, Holzlatte, Hundeleine mit Karabinerhaken, Kinderspielzeug, Kleiderbügel, Schere (drei Fälle), Zigarette, Auto (zwei Fälle: angefahren worden), Gehhilfe und in 41 Fällen Messer.[165]

Bei psychischer Gewalt wurden die Männer in zwölf Fällen bedroht, z. B. mit einem Messer, einer Pistole oder dem Tod. Vier Männer gaben an, beleidigt und verleumdet worden zu sein. Zwei wurden damit erpresst, dass die Partnerin sich selbst verletzen oder töten würde.

Verletzungsfolgen

Von der Statistik erfasst wurden vor allem körperliche Folgen der häuslichen Gewalt. Viele der Verletzungen befanden sich im Gesichts- und Kopfbereich, beispielsweise: In 25 Fällen Platzwunden am Kopf, an der Lippe oder unter dem Auge, in ungefähr 41 Fällen Hautab-schürfungen und Kratzwunden im Bereich von Gesicht und Hals, circa 25-mal Hämatome und Prellungen am Kopf und im Gesicht (blaues Auge), in mindestens acht Fällen Ohr-feigen, Schwellungen der rechten oder linken Gesichtshälfte, blutende bzw. gebrochene Nase, Würgemale, Einblutung bzw. Brandverletzung des Augapfels, Rötungen im Gesicht durch Pfefferspray, abgebrochener hinterer Backenzahn, Pfeifton im Ohr oder heraus-gerissene Kopfhaare.[166]

Darüber hinaus kam es zu folgenden Verletzungen: Im Bereich der Arme oder Hände gab es 20 Fälle von Hautabschürfungen und Kratzwunden, zehn im Bereich des Oberkörpers, ebenso viele Hämatome und Prellungen am ganzen Körper. In sechs Fällen kam es zu Tritten in den Bauch und den Genitalbereich, in drei Fällen zu Schlägen mit der Faust, in sieben Fällen zu Bissverletzungen, insbesondere im Bereich von Arm und Brust, sowie in fünf Fällen zu Schnittwunden in Arm und Hand. Zudem wurden 24-mal Stichwunden ange-geben, in erster Linie in Hand, Oberschenkel, Arm, aber auch Schulter und einmal in die Lunge. In zwei Fällen kam es zu gebrochenen Fingern und Verbrühungen. Acht Männer waren Opfer von Stalking, drei wurden der Freiheit beraubt, indem sie in die Wohnung oder auf den Balkon gesperrt wurden. Je ein Mann wurde angespuckt oder mit Urin beschüttet und ein weiterer musste mit aufgerissenem Hodensack in medizinische Behandlung.[167]

---

[164] Vgl. MÄNNERBÜRO HANNOVER e. V. 2008-2014, 2014-2015; hier waren Mehrfachnennungen möglich.
[165] Vgl. EBD.
[166] Vgl. MÄNNERBÜRO HANNOVER e. V. 2008-2014.
[167] Vgl. EBD.

b Männer-Wohn-Hilfe e. V.

Der Verein Männer-Wohn-Hilfe in Oldenburg bietet männlichen Opfern insbesondere bei häuslicher Gewalt neben einer Beratungsstelle auch Wohnraum zur befristeten Nutzung an.

Anzahl männlicher Opfer

Von 2002 bis 2013 wurden 68 Männer in dieser Wohnung aufgenommen.[168]

Demographische Hintergründe der Betroffenen

Die meisten Männer meldeten in einem Alter von etwa 30 bis 44 Jahren Bedarf an.[169] Der Migrantenanteil aller männlichen Opfer lag bei circa 20 %.[170] Die Mehrheit der Männer waren Väter mit überdurchschnittlich vielen Kindern, wie das folgende Schaubild belegt:[171]

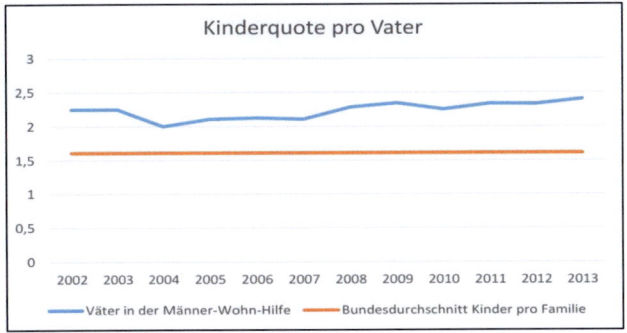

Abbildung 7: Kinderquote pro Vater[172]

Gründe für den Einzug

Gründe für den Einzug waren häufig Entfremdungen der Eheleute aufgrund vielfältiger Belastungen wie Kindererziehung, Karriere- und ökonomischen Wünschen.[173] In der Phase der Familiengründung sowie in der Kleinfamilie entstandene Konflikte konnten von den betroffenen Männern nicht mehr ohne externe Hilfe gelöst werden.[174] 30 der 68 Männer befanden sich in der Trennungsphase, 32 zogen mit einer Chance und dem Willen zur Rückkehr ein.[175]

Aufenthaltsdauer

Die Männer hielten sich durchschnittlich 70 Tage in der zur Verfügung gestellten Wohnung auf, wobei Männer mit Hochschulabschluss in der Regel eine deutlich kürzere Verweildauer von knapp 50 Tagen hatten. Der Verein begründete dieses Ergebnis damit, dass die Chancen,

---

[168] Vgl. MÄNNER-WOHN-HILFE e. V. o.A.c, S. 1.
[169] Vgl. ROSENTHAL o.A.a, S. 1.
[170] Vgl. ROSENTHAL o.A.e, S. 1.
[171] Vgl. ROSENTHAL o.A.b, S. 1.
[172] EBD., S. 2.
[173] Vgl. ROSENTHAL o.A.a, S. 2.
[174] Vgl. ROSENTHAL o.A.b, S. 2.
[175] Vgl. ROSENTHAL o.A.d, S. 4.

geeigneten Wohnraum zu finden mit höherem Einkommen besser sind. Entscheidend für die Dauer des Aufenthalts war zudem, ob überhaupt eine neue Wohnung gesucht werden musste oder ob der Mann in die alte Wohnung – und damit meist in die Familie – zurückging.[176]

Nach dem Auszug

Knapp 30 % aller Männer kehrten in die Beziehung zurück, während etwas über 60 % eine eigene Wohnung bezogen. Die restlichen Männer fanden nach ihrer Zeit bei der Männer-Wohn-Hilfe anderweitig überbrückende Wohnmöglichkeiten.[177]

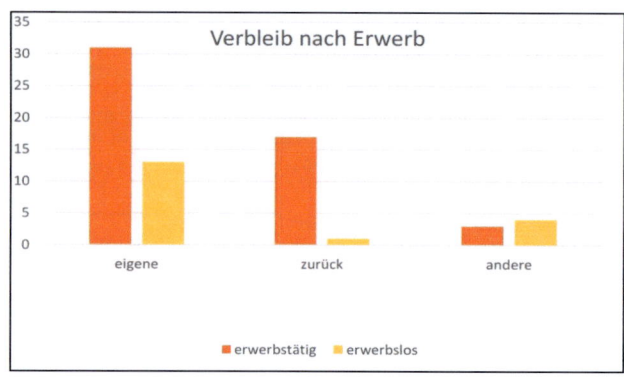

Abbildung 8: Verbleib nach Erwerb[178]

Wie das Schaubild zeigt, kehrten fast ausschließlich die Männer zu ihren Frauen zurück, die eigenes Geld verdienten. Männer ohne finanzielle Mittel hatten so gut wie keine Chance wieder bei ihrer Partnerin einzuziehen.

c   Sozialberatung Stuttgart e. V.

Die Sozialberatung Stuttgart e. V. konnte innerhalb ihres Pilotprojekts „Gewaltschutz für Männer" bisher folgende statistische Daten zur Beratung männlicher Opfer im Kontext häuslicher Gewalt sammeln:[179]

Anzahl männlicher Opfer

Seit Mai 2014 wurden insgesamt 23 betroffene Männer beraten. Während 14 innerhalb eines Zeitraums von zehn Monaten mit der Beratungsstelle in Kontakt traten, suchten neun seit der medialen Aufmerksamkeit in Folge einer Pressekonferenz Mitte März 2015 Hilfe.[180]

---

[176] Vgl. ROSENTHAL o.A.c, S. 1 f.
[177] Vgl. ROSENTHAL o.A.a, S. 2.
[178] ROSENTHAL o.A.d, S. 2.
[179] Vgl. LANDESHAUPTSTADT STUTTGART 2015, Online.
[180] Vgl. BÖHM 2015; SOLDT 2015; LEIBBRAND 2015.

Zugänge zur Beratungsstelle

15 davon meldeten sich selbst, fünf wurden durch das Jugendamt auf die Beratungsstelle aufmerksam. Bei zwei Männern nahmen weibliche Verwandte den Kontakt auf und bei einem Mann konnte kein eindeutiger Zugang ermittelt werden. Der Beratungsumfang stellte sich als sehr differenziert dar: In sechs Fällen gab es einen kurzen telefonischen Kontakt, in drei blieb es beim Erstgespräch, in jeweils einem Fall fanden zwei, drei und sieben Gespräche statt. Derzeit laufen zudem zwei Beratungen, in denen nur brieflicher Kontakt besteht.[181]

Demographische Hintergründe der Betroffenen

Die männlichen Opfer waren alle heterosexuell, zwischen 23 und 53 Jahren alt und hatten bis auf zwei Fälle gemeinsame Kinder im Alter von zwei bis 20 Jahren mit ihrer Partnerin. Sieben waren verheiratet, einer geschieden. Je drei Männer gaben an, Gewalterfahrungen bei den eigenen Eltern gesammelt und/oder selbst Suchtprobleme zu haben.[182]

Erscheinungsformen der Gewaltakte

Ein Mann wurde von seiner Frau mit einem Küchenmesser verletzt, ein anderer damit bedroht. Geschlagen, gekratzt und mit Gegenständen beworfen worden zu sein, berichteten vier Männer. Bei einem Mann fanden Schläge mit einer Latte statt, ihm wurde von seiner Frau auch der Arm gebrochen. In einem weiteren Fall drohte die Frau damit, sich umzubringen und zeigte starke Stalking-Tendenzen. In fast allen Fällen wurden die Männer von ihren Frauen gedemütigt, beleidigt und z. B. als „Nichtsnutz" beschimpft. Darüber hinaus waren viele der Frauen eifersüchtig und kontrollierten die Kontakte ihrer Männer, indem sie unter anderem Portemonnaie, Handy, Internetverlauf, E-Mails und Post überprüften.[183]

Verletzungsfolgen

Neben Kratzern, Hämatomen und in einem Fall einem Knochenbruch, litten die betroffenen Männer insbesondere unter Angst vor der eigenen Frau, sowie vor möglichen Folgen einer Trennung, mangelndem Selbstwertgefühl und Depressionen.[184]

4 Die Problematik bei der Datenerfassung

Problem bei den soeben dargestellten Ergebnissen der Statistiken aus den Beratungsstellen ist, wie bereits angedeutet, dass diese nur einen sehr kleinen Ausschnitt von häuslicher Gewalt gegen Männer wiedergeben. Erfasst wird nur die Anzahl und Lebenslage derer, die sich externe Hilfe gesucht haben. Ähnlich verhält es sich mit den Daten aus der Hellfeld-

---

[181] Vgl. WALDMANN 2015; Information aus E-Mail-Kontakt vom 24.03.2015. Herr WALDMANN ist Mitarbeiter der Sozialberatung Stuttgart e.V.
[182] Vgl. EBD.
[183] Vgl. EBD.
[184] Vgl. EBD.

forschung. In der polizeilichen Kriminalstatistik werden beispielsweise nur die Fälle häuslicher Gewalt registriert, die zur Anzeige gebracht werden. Da sich aber eine Vielzahl von Männern nach wie vor scheut, Polizei, Ärzte, Psychologen oder Sozialarbeiter aufzusuchen, treten sie nur in geringem Maße in den Statistiken in Erscheinung.[185] Die Ergebnisse von Hilfeangeboten aus der Sozialen Arbeit und der Forschung im Hellfeld begrenzen sich deshalb nur auf einen sehr kleinen Teil der Realität.

Auch die Studien, die das Dunkelfeld erhellen sollen, bergen einige Probleme: Eine großangelegte repräsentative Studie, die beide Geschlechter in Bezug auf häusliche Gewalt erfasst, existiert bis dato nicht und die wenigen Studien, die durchgeführt wurden, sind rein explorativer Natur. Die einzelnen Studien unterscheiden sich überdies in der ihren zugrundeliegenden Gewaltdefinition, Messmethode und ihren Rahmenbedingungen. Dies schlägt sich in den erhobenen Zahlen nieder, führt teilweise sogar zu unterschiedlichen Feststellungen und macht die Ergebnisse nicht miteinander vergleichbar.[186] Ursachen, Schweregrade und Folgen von häuslicher Gewalt speziell gegen Männer bleiben oft unberücksichtigt.[187]

Trotz aller Kritikpunkte an den verschiedenen Erhebungen bilden die Ergebnisse aber wichtige Orientierungspunkte für die Einschätzung des Ausmaßes häuslicher Gewalt gegen Männer.[188]

5 Resümee zum aktuellen Forschungsstand

Während die in Dunkelfeldstudien erhobenen Daten über Gewalt in Partnerschaften stets in etwa gleiche Geschlechterraten von Partnergewalt ergaben, dominierten Frauen als Opfer bei Datenquellen aus dem Hellfeld.[189] Die Ergebnisse im Einzelnen waren

- aus den Studien:
    1. Männer und Frauen übten etwa vergleichbar häufig körperliche wie psychische Gewalt gegen ihren Partner aus.[190]
    2. Sexuelle Gewalt wurde mehrheitlich von Männern, aber auch von Frauen verübt.[191]
    3. Männer trugen seltener als Frauen schwere körperliche Verletzungen davon.[192]
    4. Männer gingen mit Gewalterfahrungen anders um als Frauen,[193] so

---

[185] Vgl. SCHWITHAL 2005, S. 34.
[186] Vgl. z. B. das Ergebnis der Studie zur Gesundheit Erwachsener in Deutschland (körperliche Gewalterfahrungen werden als schwerwiegender wie psychische eingestuft) mit dem Ergebnis von Schwithals Metaanalyse (psychische Folgen werden als belastender erlebt) oder das Ergebnis der Pilotstudie „Gewalt gegen Männer" (Frauen werden in der Regel schwerer verletzt) mit dem Ergebnis von Schwithals Metaanalyse (Männer sind leicht häufiger Opfer schwerer Gewalthandlungen).
[187] Vgl. DEUTSCHES JUGENDINSTITUT e.V./ STATISTISCHES BUNDESAMT 2005b, S. 620, 639 ff.
[188] Vgl. EBD., S. 612 f.
[189] Vgl. BOATCĂ/ LAMNEK 2003, S. 28; vgl. hierzu auch das Ergebnis unter Punkt B II 1, wonach Männer zu 20% Opfer häuslicher Gewalt sind.
[190] Vgl. Ergebnisse der in dieses Buches dargestellten Studien unter B II 2 a bis f.
[191] Vgl. Ergebnisse der in dieses Buches dargestellten Studien unter B II 2 c und e.
[192] Vgl. EBD.
[193] Vgl. Ergebnisse der in dieses Buches dargestellten Studien unter B II 2 b.

- hatte sich eine Vielzahl nicht gegen die Gewalthandlungen gewehrt.[194]
- hatte niemand die Polizei gerufen.[195]
- erlebten sie ihre Opfererfahrungen als belastender.[196]

- aus den Beratungsstellen:

1. Die männlichen Opfer waren in der Regel zwischen 25 und 60 Jahre alt.[197]
2. Die Mehrheit der Männer hatte gemeinsame Kinder mit der Partnerin.[198]
3. In vielen Fällen fand nur ein kurzer Kontakt bzw. ein Erstgespräch statt.[199]
4. Von körperlichen Gewalthandlungen wurde häufiger berichtet als von psychischen. Wenn dabei Gegenstände von der Partnerin eingesetzt wurden, waren dies oft Messer und Flaschen.[200]
5. Verletzungen zeigten sich insbesondere im Bereich von Kopf und Gesicht.[201]
6. Zu den häufigsten Verletzungen zählten Hautabschürfungen, Kratzwunden, Prellungen, Hämatome, Platzwunden und Stichverletzungen.[202]
7. Einige Männer wurden von ihren (Ex-)Partnerinnen gestalkt.[203]
8. Von den Männern, die zeitweise auszogen, kehrten 30 % zur Partnerin zurück.[204]

Vorangegangene Erkenntnisse konnten aus der bisher unzureichenden, rein explorativen Datenlage gewonnen werden. Diese lassen keinen Zweifel daran, dass auch Männer – und das fast in vergleichbarer Häufigkeit wie Frauen – Opfer häuslicher Gewalt werden. Welche Erscheinungsformen, Ursachen und Verletzungsfolgen aber speziell männliche Opfer in diesem Kontext betreffen, wird künftig noch zu erforschen sein. Repräsentative Untersuchungen mit stärkerem Einbezug der Gender-Perspektive sind bei dieser Thematik wünschenswert.

III Spezifika männlicher Opfer häuslicher Gewalt

Der aktuelle Forschungsstand verdeutlicht, dass Männer Gewalthandlungen anders wahrnehmen und auch andere Handlungsstrategien verfolgen als Frauen. Die bisher entwickelten Instrumente für häusliche Gewalt gegen Frauen sind daher nicht problemlos auf männliche Opfer in diesem Bereich übertragbar.[205] Aber was sind die Besonderheiten, die diese männlihen Opfer mitbringen und was die Gründe dafür, dass sie Gewalt auf eine andere Art und

---

[194] Vgl. Ergebnisse der in dieses Buches dargestellten Studien unter B II 2 b und c.
[195] Vgl. Ergebnisse der in dieses Buches dargestellten Studien unter B II 2 a, c, e und f.
[196] Vgl. Ergebnisse der in dieses Buches dargestellten Studien unter B II 2 d und e.
[197] Vgl. Ergebnisse der in dieses Buches dargestellten Statistiken unter B II 3 a bis c.
[198] Vgl. EBD.
[199] Vgl. Ergebnisse der in dieses Buches dargestellten Statistiken unter B II 3 a und c.
[200] Vgl. EBD.
[201] Vgl. EBD.
[202] Vgl. EBD.
[203] Vgl. EBD.
[204] Vgl. Ergebnisse der in dieses Buches dargestellten Statistiken unter B II 3 b.
[205] Vgl. PUCHERT ET AL. 2007a, S. 15.

Weise wahrnehmen und anders darauf reagieren? Diese Fragen werden in den folgenden Punkten „Gesellschaftlich vorherrschende Rollenbilder und -erwartungen" und „Gründe für die Nicht-Anzeige oder Nicht-Inanspruchnahme von Hilfe" geklärt. Abschließend wird auf die besondere Lage von Männern in Trennungssituationen eingegangen und die Problematik männlicher Opfer in der Geschlechterdebatte verortet.

1 Gesellschaftlich vorherrschende Rollenbilder und -erwartungen

Zunächst einmal werden das männliche und das weibliche Geschlecht kulturell unterschiedlich auf Gewaltakte eingestimmt.[206] Ein und dasselbe gewalttätige Verhalten wird „entgegengesetzt beurteilt, je nachdem, ob es einer Frau oder einem Mann zugeordnet wird."[207] Üben Frauen Gewalt aus, wird häufig davon ausgegangen, dass sie entweder aufgrund ihres Temperaments impulsiv gehandelt oder aber im Vorfeld Männergewalt erfahren hätten – wobei letzteres oft zutrifft. Greifen hingegen Männer an, gelten sie einfach nur als gewalttätig.[208] Dies entspricht dem tradierten Rollenbild: Opfer sind weiblich, Täter männlich.

a Sozialisation, Geschlechterrollenstereotypen und deren Folgen

Wie Männer in diese Rolle hineingeraten und welche Stereotypen beim männlichen Geschlecht noch wirksam werden, wird nun dargelegt.

Sozialisation

In der Geschlechterforschung wird davon ausgegangen, „dass das soziale Geschlecht (‚gender') auf Basis der biologischen Gegebenheiten (‚sex') konstruiert wird."[209] Demzufolge bestehen zwischen Männern und Frauen zwar biologische Unterschiede, in ihrer Entwicklung werden sie aber maßgeblich sozial beeinflusst. „Männer werden zu Männern und Frauen zu Frauen gemacht, das heißt [sie werden] geschlechtstypisch erzogen und entsprechenden gesellschaftlichen Erwartungen – die Geschlechterrollen und das geschlechtstypische Bewältigungsverhalten betreffend – ausgesetzt."[210]

Dieser Vorgang wird als Sozialisation verstanden. Jeder Mensch durchläuft demnach einen Lernprozess, der ihn von Geburt an lebenslang formt, zu einer sozial handlungsfähigen Person macht und ihn in kulturell vorgegebene soziale Rollensysteme einbettet.[211] Sozialisationsinstanzen bilden dabei insbesondere Familie, Peergroup, Schule und Arbeitsplatz, aber auch die Medien. Dass unsere Gesellschaft zwischen weiblicher und männlicher Sozia-

---

[206] Vgl. LENZ 2007, S. 21.
[207] HEYNE 1993, S. 34.
[208] Vgl. COERSCHULTE 2013.
[209] LENZ 2007, S. 34.
[210] BÖHNISCH/ FUNK 2002, S. 13.
[211] Vgl. BÖHNISCH/ WINTER 1994, S. 13.

lisation unterscheidet, hat eine innere Ordnungs- und Orientierungsfunktion.[212] Diese ermöglicht den Menschen anhand des Geschlechts eine erste Einordnung des eigenen Selbst wie auch des Gegenüber zu treffen.

Geschlechterrollenstereotypen

Welche Eigenschaften kennzeichnen einen Mann als Mann und welche Rollen werden dem männlichen Geschlecht, auch im Verhältnis zum weiblichen, zugeschrieben?

Zunächst einmal stellen Geschlechterrollen scheinbar geschlechtstypische Repertoires an Verhaltensmustern und Gefühlsausdrücken dar, die dann zu Stereotypen werden, wenn sie ohne Reflexion automatisch bestimmten Personengruppen zugeschrieben und klischeehaft verwendet werden.[213] Auch Geschlechterrollen schaffen „Orientierung, Normalität und Unterscheidung"[214]. Sie sind keine aufgezwungenen Rollen, sondern Rollen, „in die man ‚mit Leib und Seele' so hineinwächst, dass sie sogar dem Verstand widerstehen"[215] können.

Eine Befragung amerikanischer Studenten im Jahr 1996 ergab folgende Rollenstereotypen:

Rollenstereotypen
(zusammengestellt von den
US-Psychologen Stevens und Hershberger)

Frauen:	Männer:
passiv	konkurrierend
abhängig	stark
emotional	kontrolliert
unlogisch	verantwortungsvoll
natürlich	fasziniert von Großtaten
arglos	intelligent
schön	gefühlsreduziert
sensibel	weint nicht
fürsorglich	technisch veranlagt
gepflegt	dominant
geduldig	beschützend
gute Mutter	kompetent
sanft, warm	logisch
launisch	viril
romantisch	Familienernährer
verführerisch	initiativ im Sex
künstlerisch	unabhängig
psychisch nicht belastbar	Autorität
physisch schwach	sportlich
Sex = Liebe	Sex = Leistung
Wenn eine Frau so nicht ist, dann ist sie eine Ziege, eine Nutte, eine Lesbe oder eine Emanze	**Wenn ein Mann so nicht ist, dann ist er ein Weichling, ein Sonderling oder ein Schwuler**

Abbildung 9: Rollenstereotypen[216]

---

[212] Vgl. BÖHNISCH/ FUNK 2002, S. 25.
[213] Vgl. NITZSCHKE 1996, S. 19 f.
[214] BÖHNISCH/ FUNK 2002, S. 25.
[215] EBD.
[216] LENZ 1996, S. 169.

Weibliche und männliche Eigenschaften bilden im Schaubild eine Dichotomie. Männer gelten als stark, dominant, durchsetzungsfähig, risikobereit und aggressiv, Frauen dagegen als fürsorglich, emotional, sozial und angepasst. Nach dieser Wahrnehmung ist die physisch schwache Frau die Unterlegene, also Opfer, der Mann hingegen Täter.

Ein solches Rollenverständnis erwartet von einem Mann, dass er aufgrund seiner Stärke und Überlegenheit mit seinen Problemen alleine fertig wird und sich jederzeit, selbstverständlich ohne Hilfe von außen, wehren kann. Nach dem Motto „Ein Indianer kennt keinen Schmerz" passen Gefühle wie Angst, Trauer oder Ohnmacht ebenso wenig ins männliche Selbstbild wie Schwäche und Hilflosigkeit.[217] Wenn ein Mann leidet, „hat er dies schamhaft zu verbergen. [...] Entspricht er diesem Bild nicht, wird er als ,unmännlich', als ,Waschlappen' oder als ,Memme' angesehen."[218] Lenz prägte hier den provokanten Satz: „Entweder ist jemand ein Opfer oder er ist ein Mann."[219]

Seit den 1960er Jahren ist zu beobachten, dass sich das tradierte Rollenbild langsam wandelt. Männer müssen heute nicht mehr nur „stark und hart" sein, sie können mehr und mehr ihre verletzliche Seite zeigen.[220] Auch wenn sich die Geschlechterrollen von Mann und Frau im Zuge der Gleichstellung annähern, sind sie historisch tief in soziale Prozesse eingelagert und wirken besonders in privaten wie gesellschaftlichen Krisensituationen als Auffangmöglichkeit, weshalb die Menschen immer wieder auf sie zurückgreifen.[221] Wie sehr das traditionelle Bild des Mannes heute noch in den Köpfen vieler Menschen verankert ist, zeigt beispielsweise der seit einigen Jahren unter Jugendlichen gängige Ausdruck „Du Opfer!". Dieser soll das Gegenüber „entmännlichen", weil ein Opfer nicht männlich sein kann und wenn doch, ist es eben kein richtiger Kerl, kein Mann.[222]

Folgen für die männlichen Opfer

Die Sozialisation bezogen auf die Eigenschaft Männlichkeit sowie die über Männlichkeit vorherrschenden Rollenbilder und Stereotypen haben für männliche Opfer an sich und besonders im Bereich häuslicher Gewalt vielfältige Folgen:

Männern fehlt eine sozial akzeptierte Opferrolle, sie haben schlicht keine Opferidentität. Da Hilflosigkeit in unserer Gesellschaft als Schwäche gilt und ein Mann gemäß seiner Rolle stark zu sein hat, ist sie ein gesellschaftliches Tabu.[223] Männlichen Opfern wird ihre Ver-

---

[217] Vgl. LENZ 2001, S. 362; 2000a, S. 56.
[218] LENZ 2001, S. 362.
[219] EBD.
[220] Vgl. LENZ 1996, S. 200; 2000a, S. 59.
[221] Vgl. BÖHNISCH/ FUNK 2002, S. 26, 52 ff.
[222] Vgl. WALTER 2002, S. 7.
[223] Vgl. BÖHNISCH/ FUNK 2002, S. 116.

letzlichkeit nicht zugestanden – weder von der Gesellschaft, noch von sich selbst. Im gesellschaftlichen Denken sind Männer keine Opfer und falls doch, dann werden sie als Versager wahrgenommen. Auch die Männer selbst bringen den Begriff des Opfers nicht mit sich in Verbindung, „da dies doppelt blockierend an die eigene ‚Schwäche‘ und das eigene Versagen erinnert."[224] Vielmehr sehen sich nach Rosenthal[225] einige Männer sogar in Situationen, in denen sie Gewalthandlungen seitens ihrer Partnerin erfahren, noch als „Herr der Lage". Da sie die körperlich Stärkeren in der Partnerschaft sind, die sich theoretisch wehren könnten, dies aber nicht tun und die Gewalt über sich ergehen lassen, sind sie davon überzeugt diejenigen zu sein, die die Kontrolle über die Situation haben.[226] Auch die Tatsache, dass Gewalterfahrungen originär zum „Mannsein" gehören – wie beispielsweise die Pilotstudie „Gewalt gegen Männer" belegt – hat zur Folge, dass viele Männer Gewalt als etwas „Normales" betrachten.[227] Im Sozialisationsprozess haben sie von klein auf gelernt, Gewalt als Teil ihres Lebens zu sehen. So empfinden Männer Gewalthandlungen von Frauen nicht als genuine Gewalt und nehmen sie deshalb nicht sonderlich wahr oder ernst. Misshandlungen durch eine Frau werden anders betrachtet als die durch einen Mann. Von der Partnerin geschlagen zu werden, kommt zudem einem Gesichtsverlust gleich.[228]

„Das Gefühle-zurückhalten-Müssen, der fehlende Selbstbezug und der Zwang, sich und andere unter Kontrolle zu haben, führt oft dazu, dass Männer eigenartig stumm sich selbst gegenüber sind. Mit dieser männlichen Eigenart, […] ist nicht gemeint, dass Männer nicht reden. Sie reden […] über alles mögliche [sic!] – Autos, Wetten, Technik, Frauen, Fußball, die Chefs, abwesende Konkurrenten etc. – nur nicht über sich selbst."[229] Diese grundsätzlich unproblematische Sozialisation wird bei kritischen Lebensereignissen, wie z. B. dem Erleben häuslicher Gewalt, zum Problem. Werden Gewalthandlungen in diesem Kontext durch Frauen ausgeübt, finden sie oft Akzeptanz. Sie werden sowohl von den betroffenen Partnern, als auch von der Gesellschaft bagatellisiert oder als legitime Gegenwehr gerechtfertigt. Dieselben Gewalthandlungen durch Männer hingegen führen zu einer gesellschaftlichen Ächtung sowohl der Handlungen als auch des Mannes als gewalttätig.[230]

b Der Mann als Opfer – ein Dilemma

Wie gerade dargestellt, ist es schwierig für Männer, sich mit der Opferrolle zu identifizieren, da dies aus ihrer Sicht mit dem „Makel der Schwäche" [231] behaftet ist. Traditionell wird diese

---

[224] LENZ 2007, S. 28.
[225] Herr ROSENTHAL ist Sozialpädagoge und ehrenamtlicher Mitarbeiter bei der Männer-Wohn-Hilfe e. V.
[226] Vgl. ROSENTHAL 2015; Information aus einem persönlichen Gespräch vom 23.03.2015 in Stuttgart.
[227] Vgl. JUNGNITZ ET AL. 2006, S. 6 ff.; SCHLACK ET AL. 2013, S. 757.
[228] Vgl. WYSS 2006, S. 15.
[229] BÖHNISCH/ FUNK 2002, S. 121.
[230] Vgl. BOATCĂ/ LAMNEK 2003, S. 19.
[231] LENZ 1996, S. 157.

Rolle und die damit einhergehenden Gefühle eher den Frauen zugeschrieben. Warum sich aus dieser Sichtweise für betroffene Männer ein Dilemma entwickelt, wird nun erläutert.

Männliche Strategien zum Bewältigen häuslicher Gewalt

Aufgrund ihrer Sozialisation reagieren männliche Opfer anders als weibliche auf Vorfälle häuslicher Gewalt. Auch wenn beide Geschlechter in gleichem Maße von Hilflosigkeit betroffen sind, gehen sie unterschiedlich mit ihrer Betroffenheit um.[232] Welche Bewältigungsstrategien gewählt werden, hängt „vor allem von der Schwere der physischen Verletzungen und vom subjektiv vorgestellten Erfolg der eingeschlagenen Strategie ab."[233]

Das Ziehen von Konsequenzen und das Unternehmen von Normalisierungsversuchen stellen dabei die Hauptstrategien dar. Beide werden nun im Geschlechterverhältnis beleuchtet.

Strategien des „Ziehens von Konsequenzen"

Bei eher schwerwiegenden Vorfällen werden vor allem folgende Konsequenzen gezogen:

- Rache, Vergeltung und demonstrative Verweigerung stellen die am vermeintlich naheliegendsten Reaktionsmöglichkeiten dar. Sie können vom Zurückschlagen bis zur Diskreditierung gegenüber Freunden, Bekannten oder Kollegen reichen. Mangels empirischer Daten ist eine Aussage über das Geschlechterverhältnis hier nicht möglich.[234]
- Abbruch der Beziehung, Trennung und Scheidung sind die effektivsten Strategien, häuslicher Gewalt zu begegnen. Sie packen sozusagen das „Übel an der Wurzel". Auch an eine Trennung auf Zeit ist aufgrund ihrer Warnfunktion für das Gegenüber zu denken. Da Frauen generell höhere Erwartungen an ihre Partnerschaft haben, sind dies eher weibliche als männliche Strategien.[235]
- Mobilisierung von Opferressourcen durch Einschalten von Freunden, Verwandten, Polizei oder Justiz ist eine weitere Möglichkeit der Reaktion, welche häufiger von Frauen gewählt wird.[236]
- Extremreaktionen wie Suizid oder Partnertötung dagegen sind eher von Männern bevorzugte Bewältigungsmethoden. Über das Ausmaß im Zusammenhang mit häuslicher Gewalt besteht jedoch noch weiterer Forschungsbedarf.[237]

Normalisierende Bewältigungsstrategien

Strategien der Normalisierung wurden bereits unter Punkt B I 4 a genauer vorgestellt. Darunter fallen Normalisierung, Bagatellisierung, Rechtfertigung, Entschuldigung, Bilanzierung

---

[232] Vgl. GEMÜNDEN 2003, S. 349; BÖHNISCH/ FUNK 2002, S. 14.
[233] Vgl. GEMÜNDEN 1996, S. 247.
[234] Vgl. EBD., S. 94, 248 ff.
[235] Vgl. EBD., S. 94, 250 ff.; 2003, S. 349.
[236] Vgl. EBD., S. 94, 258 ff.; 2003, S. 349.
[237] Vgl. EBD., S. 251; 2003, S. 349.

und Problematisierung. Diese Bewältigungsmöglichkeiten werden von beiden Geschlechtern bei eher leichteren Gewalthandlungen bevorzugt. In aller Regel werden diese aber vermehrt von männlichen Opfer eingesetzt.[238]

Zusammenfassung der männlichen Bewältigungsstrategien

Von häuslicher Gewalt betroffene Männer tendieren im Gegensatz zu Frauen eher dazu, erfahrene Gewalttätigkeiten zu bagatellisieren, zu normalisieren, zu rechtfertigen oder zu entschuldigen. Misshandelte Männer bleiben tendenziell eher untätig und zeigen öfter hilfloses Verhalten als Frauen.[239] Sie erstatten meist „erst eine Strafanzeige gegen ihre Partnerin, wenn diese sie mit einer [potentiell] tödlichen Waffe bedroht hat."[240] Wie bereits festgestellt, fühlen sie sich aufgrund ihrer Zugehörigkeit zum „starken" Geschlecht zudem seltener als Opfer und ziehen deshalb im Gegensatz zu weiblichen Opfern auch weniger entsprechende Konsequenzen. Die überwältigende Mehrheit der betroffenen Männer versucht, die Opfererfahrung alleine zu bewältigen, Hilfe wird kaum in Anspruch genommen.[241]

Reaktion der Hilflosigkeit

Überdies existiert nicht nur eine Vielzahl von Frauen, sondern auch von Männern, die der Gewalt ohnmächtig und ausgeliefert gegenüberstehen und resignieren.[242]

Tabuisierte Wahrnehmung von männlichen Opfern

Sowohl das Verhaftetbleiben gewaltbetroffener Männer in ihren geschlechtsspezifischen Rollen wie auch die Tatsache, dass sie sich kaum dazu entschließen, Konsequenzen zu ziehen, hat die Entstehung von Wahrnehmungsblockaden im sozialen Umfeld wie bei potentiellen Helfern zur Folge. Nicht nur bei Fachpersonal, sondern auch im Bekanntenkreis oder in der Familie werden Männer kaum als Opfer häuslicher Gewalt wahrgenommen, geschweige denn ernst genommen. In ihnen spiegeln sich noch immer die gesellschaftlich vorherrschenden Einstellungen gegenüber männlichen Opfern wider.[243] So berichtete Bock von Polizisten, die ihm folgendes mitgeteilt hatten: „Ja natürlich nehmen wir im Zweifel den Mann mit, für den haben wir eine Zelle, aber für die Frau? Und was ist mit den Kindern?"[244] Und auch Obergfell-Fuchs und Kury schrieben von Beamten, die angegeben hatten „man habe in solchen komplexen Situationen [Anmerkung der Autorin: Polizeieinsatz bei häuslicher Gewalt, bei dem die Täter-Opfer-Situation unklar ist] ‚sicher schon dem ein oder anderen Mann Unrecht getan, indem man fälschlicherweise den Platzverweis gegen ihn ausgesprochen' habe. Im Zweifelsfall müsse eben der Mann gehen, vor allem, wenn durch

---

[238] Vgl. GEMÜNDEN 1996, S. 94 f., 266 ff.; 2003, S. 350.
[239] Vgl. EBD., S. 96, 288 ff.
[240] EBD., S. 288.
[241] Vgl. LAMNEK ET AL. 2012, S. 214.
[242] Vgl. GEMÜNDEN 1996, S. 273 ff.; 2003, S. 350 f.
[243] Vgl. LENZ 2001, S. 365; WYSS 2006, S. 15.
[244] BOCK 2002, S. 30.

die Streitigkeiten Kinder mitbetroffen seien. Die Kinder und die Mutter würden dann zusammen in der Wohnung bleiben."[245] Auch in der Arbeit von Richtern und Staatsanwälten ist dieser sogenannte „second code" zu finden, der besagt, dass Gesetze grundsätzlich geschlechtsneutral auszulegen sind, die Auslegung und Anwendung in der Praxis aber oft von dem Klischee, Gewalt sei männlich, geprägt ist.[246] Zu beobachten ist dies z. B. in der vergleichsweise hohen Einstellungsquote bei (sowieso schon seltenen) Strafanzeigen männlicher Opfer oder aber bei Scheidungsverfahren, in denen nur 2,4 % aller Väter ihre Kinder zugesprochen bekommen, weil nach wie vor häufig davon ausgegangen wird, die Frau sei besser für die Kindererziehung geeignet.[247] Verschärfend auf die Problematik wirkt es sich zudem aus, wenn der professionelle Helfer ebenfalls männlichen Geschlechts ist. Vielen männlichen Helfern scheint es leichter zu fallen, mit Frauen als Opfer und Männern als Täter zu arbeiten. Durch die kulturspezifische Homophobie zwischen Männern treten ohne ein Bewusstsein für diese Dynamik in der Helfer-Klient-Beziehung unbewusste Abwehrmechanismen auf, die männlichen Opfern kaum eine Chance lässt.[248] Verdeutlicht wird dies dadurch, dass die meisten Fälle männlicher Opfer häuslicher Gewalt bisher durch Frauen aufgedeckt wurden. Die Wahrnehmung und Anerkennung von betroffenen Männern bei sozialpädagogischem, therapeutischem, juristischem wie medizinischem Fachpersonal ist mithin noch keine Selbstverständlichkeit.[249] Lenz ging sogar so weit, die gegenwärtige Situation männlicher Opfer mit der von vergewaltigten und misshandelten Frauen in den 1970er Jahren zu vergleichen.[250]

Die Rolle der Medien

In unserer Informationsgesellschaft sind die Massenmedien „von großer Bedeutung für die gesellschaftliche Konstruktion [eines] Problems und dessen Wahrnehmung."[251] Nach einer Auswertung von 150 Presseartikeln durch Schwithal wurde häuslichen Gewaltakten von Frauen gegen Männer insbesondere dann Beachtung geschenkt, wenn diese in ihren Verletzungsfolgen folgenschwer und sensationsträchtig waren. Ein Teil der Berichte befasste sich auf unangemessen ironische Weise mit der Thematik.[252] Obwohl sich das mediale Interesse an weiblicher Gewalt gegenüber männlichen Partnern innerhalb der letzten Jahre vergrößert hat, wird diese Richtung der Gewalt einseitig verzerrt dargestellt und gilt „weiterhin als die große und damit sensationelle Ausnahme"[253].

---

[245] OBERGFELL-FUCHS/ KURY 2005, S. 289.
[246] Vgl. BOCK 2002, S. 30.
[247] Vgl. RUHL 2000, S. 149; LENZ 2000a, S. 39.
[248] Vgl. LAMNEK/ LUEDTKE 2005, S. 58; LENZ/ JUNGNITZ o.A., S. 118 f.
[249] Vgl. LENZ/ JUNGNITZ o.A., S. 118 f.
[250] Vgl. LENZ 2002, S. 35.
[251] LAMNEK ET AL. 2012, S. 230.
[252] Vgl. SCHWITHAL 2005, S. 297 ff.
[253] LAMNEK ET AL. 2012, S. 233.

Abschließende Bemerkung zum Dilemma des männlichen Opfers

Durch die eindimensionale Darstellung männlicher Opfer im häuslichen Kontext, durch die mit Machtpotential ausgestatteten Medien, durch die tabuisierte Wahrnehmung im sozialen und professionellen Umfeld der Betroffenen und durch die Tatsache, dass Männer eher zu Normalisierungsstrategien greifen, statt sich Hilfe zu suchen, spitzt sich die Problematik betroffener Männer immer mehr zu. Sie befinden sich in der Zwickmühle: Entweder versuchen sie weiterhin vergeblich mit der Gewalt alleine zurechtzukommen oder aber sie entschließen sich, auf die Gefahr hin weder wahr- noch ernst genommen zu werden, dazu, sich externe Hilfe zu suchen. Die Situation der männlichen Opfer stellt sich folglich als ausweglos und geradezu paradox dar.

c Anmerkung zu Rollenbildern und -erwartungen

Die gesellschaftlich vorherrschenden Rollenbilder und -erwartungen, die sich aus der Sozialisation des Mannes als Mann und männlichen Geschlechterrollenstereotypen zusammensetzen, bringen männliche Opfer häuslicher Gewalt in ein Dilemma. Ein fataler Kreislauf wird in Gang gesetzt: Männer werden nicht als Opfer wahrgenommen, deshalb schweigen sie aus Scham und tauchen deshalb nicht in Opferstatistiken auf. Dies führt wiederum dazu, dass mangels registriertem Bedarf keine Hilfeangebote etabliert werden und sie wieder nicht als Opfer in das Blickfeld rücken. Stereotypen über die männliche Geschlechterrolle werden so letztendlich weiter fixiert.

2 Gründe für die Nicht-Anzeige oder Nicht-Inanspruchnahme von Hilfe

Eine weitere Besonderheit der von häuslicher Gewalt betroffenen Männer ist ihre mangelnde Mobilisierung von Opferressourcen[254]. Welche Gründe dies hat wird nun dargelegt.

a Anzeigebereitschaft der männlichen Opfer

Die Daten aus den polizeilichen Kriminalstatistiken weisen grundsätzlich nur den Bruchteil der Vorfälle aus, der zur Anzeige gekommen ist. Bezogen auf das Geschlechterverhältnis ist dabei auffallend, dass durchschnittlich 75 % der Anzeigen von Frauen und 25 % von Männern ausgingen.[255] Diese Zahlen decken sich mit denen der Polizei Berlin und den Auswertungen der Platzverweise von Kavemann, die nur circa 20 % männliche Geschädigte im häuslichen Kontext registrierten, während die Anzahl weiblicher Geschädigter mehr als zwei Drittel betrug.[256] Die Anzeigebereitschaft männlicher Opfer ist mithin in etwa drei- bis vierfach niedriger als die betroffener Frauen.

---

[254] Hierunter ist z. B. zu verstehen, sich durch das Einschalten von Freunden, Verwandten, Polizei, Justiz, Ärzten, Therapeuten, Psychologen oder Sozialpädagogen (professionelle) Hilfe zu holen.
[255] Vgl. GEMÜNDEN 2003, S. 348.
[256] Vgl. Ergebnisse unter Punkt B II 1.

b Das „Schweigen" der Männer

Zu den allgemeinen Gründen, keine Konsequenzen aus dem gewalttätigen Verhalten des Partners zu ziehen, zählen die Hoffnung darauf, dass der Partner sich ändert, der Wunsch danach, als Familie zusammenzubleiben und auch das Gefühl, eine (Mit-)Schuld an den Gewalthandlungen zu haben.[257]

Spezifisch männliche Gründe dagegen sind:

- die Annahme, Gewalt sei etwas „ganz Normales",
- die Verinnerlichung des Stereotyps, dass ein Mann kein Opfer sein könne und dies insbesondere dann nicht, wenn er der körperlich Größere und Stärkere ist,
- die Annahme, der einzige von Gewalt in der Partnerschaft betroffene Mann zu sein und die damit verbundene Scham sich zu outen,
- die Angst aufgrund mangelnder Glaubwürdigkeit entweder für den Täter oder einen Versager gehalten zu werden,
- Angst vor der Rache der Partnerin, die den betroffenen Mann z. B. durch Entzug der Kinder oder eine Gegenanzeige in eine unterlegene, hilflose Lage bringt, verbunden mit der Angst, den Kontakt zu den Kindern zu verlieren oder einsam zu sein,
- eine Art „Ritterlichkeitsnorm", die ihnen verbietet zurückzuschlagen,
- die Angst vor einer Eskalation und davor, bei der Partnerin durch die größere Körperkraft ernsthafte Verletzungen hervorzurufen sowie
- die Angst vor den möglichen juristischen wie stigmatisierenden Folgen einer Gegenwehr aufgrund des öffentlichen Tabus von Gewalt gegen Frauen.[258]

Neben Gründen, die sich aus der männlichen Geschlechterrolle als „starker" Mann ergeben, scheinen Männer somit vor allem aus diversen Ängsten heraus handlungsunfähig zu sein.

c Nicht-Inanspruchnahme von Hilfe

Dies alles führt dazu, dass Männer nur in ganz seltenen Fällen Hilfe in Anspruch nehmen. So kontaktierten in der Studie zur Gewalt in der Familie 40 % der Frauen, aber nur ein Mann externe Ansprechpartner.[259] In der Pilotstudie „Gewalt gegen Männer" rief kein einziger Mann die Polizei.[260] Nach der Einschätzung von Gemünden, erstatteten betroffene Männer in der Regel erst bei schweren Gewaltvorfällen eine Strafanzeige gegen ihre Partnerin.[261] Aber nur,

---

[257] Vgl. WALTER ET AL. 2004, S. 193.
[258] Vgl. EBD., S. 192 f.; SCHWITHAL 2005, S. 248 f.; LAMNEK/ LUEDTKE 2005, S. 50.
[259] Vgl. Zusammenfassung der Ergebnisse unter Punkt B II 2 b.
[260] Vgl. Zusammenfassung der Ergebnisse unter Punkt B II 2 c.
[261] Vgl. GEMÜNDEN 1996, S. 288.

weil Männer seltener als Frauen den Wunsch nach Hilfe äußern, haben sie nicht automatisch eine geringere Bedürftigkeit, sondern vielmehr eine größere Schwellenangst.[262]

3 Männer in Trennungssituationen

Von weiterer Brisanz für männlicher Opfer häuslicher Gewalt sind Trennungssituationen. Grundsätzlich sind Männer wie Frauen gerade in einer solchen Phase auf besondere Weise verletzbar. Nach der Pilotstudie „Gewalt gegen Männer" ist diese Verletzbarkeit aber bei Männern aufgrund ihrer geschlechtsspezifisch unterschiedlichen Chancen im Streit um Unterhalt und Sorgerecht nicht mit der von Frauen vergleichbar.

Erste Erkenntnisse hierzu waren:

- In der Phase der Trennung traten verstärkt Gewaltakte durch die (Ex-)Partnerin auf, insbesondere in den Fällen, in denen die Trennung vom Mann ausging.
- Viele Männer fühlten sich in dieser Zeit, vor allem bei gemeinsamen Kindern, besonders stark durch ihre Partnerin erpressbar.
- Das Gefühl der Machtlosigkeit gegenüber einer ungerechten Ungleichbehandlung im Falle eines gerichtlichen Scheidungs- oder Unterhaltsverfahrens war bei einigen Männern ein ständiger Begleiter. Jüngere Kinder wurden durch das Gericht eher den Müttern zugesprochen. Jeder sechste der befragten Männer gab hier an, die Partnerin habe vor Gericht gelogen, um sich das alleinige Sorgerecht zu sichern. Darüber hinaus waren die gerichtlichen Unterhaltsentscheidungen oft mit erheblichen finanziellen Konsequenzen für die Männer verbunden.
- Mütter boykottierten bei sieben der 30 befragten Väter die Umgangsregelungen und versuchten, den Kontakt zu den Kindern zu unterbinden.[263]

Obwohl diese Erkenntnisse nicht repräsentativ sind und stets beachtet werden muss, dass die Wahrnehmung in solch hocheskalativen Trennungssituationen häufig sehr einseitig ist, ist die Wahrscheinlichkeit eines Machtmissbrauchs seitens der (Ex-)Partnerin gegeben.[264] Denn „Frauen und nur Frauen stehen die Drohungen mit der Polizei und den Gerichten zur Verfügung und damit Waffen, die ins Zentrum der sozialen und materiellen Existenz des Mannes zielen. Ich nehme Dir Deine Kinder, Dein Haus, Dein Geld und deshalb sieh Dich vor."[265] Die Schäden für die gemeinsamen Kinder ganz ausgenommen, befinden sich daher gerade Väter bei einer Trennung von ihrer Partnerin in einer besonders misslichen Lage.

---

[262] Vgl. BRANDES/ BULLINGER 1996a, S. 5.
[263] Vgl. WALTER ET AL. 2004, S. 235 ff.
[264] Vgl. EBD., S. 237.
[265] BOCK 2002, S. 34.

4 Verortung in der Geschlechterdebatte

Verschärft hat sich die Problematik männlicher Opfer im Kontext häuslicher Gewalt überdies noch durch die zwischenzeitliche Herausbildung zweier Extrempositionen:

1. Das Patriarchatsmodell, das sich auf eine grundsätzliche Überlegenheit des Mannes stützt und Männern deshalb Opfererfahrungen tendenziell abspricht.

2. Die Männerbewegung, die aufgrund ihrer Empörung über die Nicht-Wahrnehmung und Leugnung männlicher Betroffenheit dazu tendiert, die Gewalthandlungen gegen Männer zu dramatisieren und die gegen Frauen zu bagatellisieren.[266]

Im Mittelpunkt beider Positionen steht dabei das Streben nach finanzieller Unterstützung in Form von öffentlichen Geldern. Dabei geraten die tatsächlichen Opfer aus dem Blick. Zum Patriarchatsmodell ist anzumerken, dass sich die Lebensbedingungen von Frauen und Männern immer mehr annähern und sich im Sinne der Gleichstellung beider Geschlechter eine Entwicklung „Vom Patriarchat [hin] zur Partnerschaft"[267] auf Augenhöhe vollzieht. Weder sind Männer den Frauen überlegen, noch sind sie frei von Opfererfahrungen. Der Männerbewegung kann entgegnet werden, dass eine Anerkennung des Ausmaßes von Gewalt gegen Frauen nicht im Umkehrschluss dazu führt, dass Gewalt gegen Männer verharmlost wird. Um die Debatte dieser Extrempositionen von gegenseitigen Schuldzuweisungen und Kämpfen um finanzielle Mittel zu befreien, ist ein konstruktiver Diskurs von Nöten. Denn jedes Opfer häuslicher Gewalt ist eines zu viel.

5 Resümee zu den Spezifika männlicher Opfer häuslicher Gewalt

Wie dargestellt unterscheidet sich die Lage männlicher Opfer von der weiblicher. Aufgrund gesellschaftlich vorherrschender Rollenbilder und -erwartungen nehmen weder betroffene Männer sich selbst, noch die Gesellschaft den Mann als mögliches Opfer von Gewalthandlungen in Partnerschaften wahr. Stereotypen, Wahrnehmungsblockaden und Tabuisierung führen dazu, dass Männer die Delikte kaum zur Anzeige bringen. Vielmehr schweigen sie aus Scham und verschiedenen Ängsten, die sich gerade bei Männern in Trennungssituationen in spezifischer Weise darstellen. Die meisten männlichen Opfer versuchen mit ihrem Problem alleine klarzukommen, suchen sich kaum Hilfe aus dem privaten oder professionellen Umfeld. Eine widerstreitende Debatte darüber, ob Männer nun Opfer häuslicher Gewalt sein können oder ob sie dies sogar in größerer Anzahl sind als Frauen, wird den Opfererfahrungen der betroffenen Männer hier nicht gerecht.

---

[266] Vgl. PUCHERT ET AL. 2007a, S. 16 f.
[267] DEUTSCHES JUGENDINSTITUT e.V./ STATISTISCHES BUNDESAMT 2005b, S. 13.

IV Wer ist bei Gewalt in der Partnerschaft Täter? Wer ist Opfer?

Eine weitere Frage stellt sich danach, ob bei Vorfällen häuslicher Gewalt eine Trennung in Täter und Opfer überhaupt sinnvoll bzw. möglich ist. Dies soll nun geklärt werden.

1 Kritik an den Bezeichnungen Täter und Opfer

Als Täter wird im heutigen Sprachgebrauch jemand bezeichnet, der eine als Unrecht empfundene Handlung begangen hat. Dabei darf dieser Begriff z. B. im juristischen Bereich aufgrund der Unschuldsvermutung erst dann verwendet werden, wenn die Person rechtskräftig verurteilt wurde. Bis dahin gilt sie je nach Verfahrensschritt als Beschuldigter, Angeschuldigter oder Angeklagter.[268]

Im Gegensatz dazu bezieht sich der Begriff des Opfers meist nicht auf eine Handlung, durch die jemand einen Schaden erleidet, sondern auf die ganze Person.[269] Aus diesem Grund ist die Verwendung des Opferbegriffs umstritten. Die Verwischung der Konturen durch die Bezeichnung einer ganzen Person als Opfer führt zu einer inflationären Verwendung nach dem Motto „Sind wir nicht alle irgendwie Opfer?".[270] Für Betroffene scheint der Begriff zudem eine stark negative und passive Konnotation zu haben und Assoziationen von Schwäche, Hilflosigkeit, Dummheit oder einem „Verliererimage" zu fördern. Befragte Opfer konnten sich mit Begriffen wie „Verletzter", „Geschädigter" oder „verletzte Person" besser identifizieren.[271] Darüber hinaus ist der recht statische Opferbegriff wenig geeignet, „um das Verhalten zwischen Menschen zu beschreiben. Es ist eher eine idealtypische Festschreibung, die der Vereinfachung dient, politisch genutzt werden und individuell zu Festschreibungen führen kann. [...] [E]s gibt kaum Menschen, die ausschließlich Opfer sind, Menschen sind dies mehr oder weniger, zeitweise und auf unterschiedlichen Bewusstseinsebenen. Ähnlich verhält es sich auch mit dem Täterbegriff. Und bei Männern sind beide noch einmal offensichtlicher vermischt."[272]

So stellt sich die Frage, ob es sinnvoller ist, ebenso wie das Forschungsteam der Pilotstudie „Gewalt gegen Männer" bei Gewalthandlungen zwischen Menschen Begriffe wie z. B. Gewaltausübender oder Gewaltbetroffener zu nutzen.[273] Obwohl sich die Autorin bewusst ist, dass die Begriffe Opfer und Täter bestimmte Schubladen und Blickrichtungen öffnen und kein Mensch nur Täter oder Opfer ist, schließt sie sich im Rahmen dieses Buches den Ausführungen von Lenz für die Beibehaltung der Begriffe an: „Jenseits der persönlichen

---

[268] Vgl. § 157 StPO.
[269] Vgl. PUCHERT ET AL. 2007a, S. 24.
[270] Vgl. LENZ 2001, S. 360 f.; 2007, S. 24 f.
[271] Vgl. BAURMANN/ SCHÄDLER 1991, S. 287.
[272] LENZ 1996, S. 158.
[273] Vgl. PUCHERT ET AL. 2007a, S. 24.

Entscheidung jedes Betroffenen, welche Bezeichnung er für sich selbst als angemessen betrachtet, ist es aus einer geschlechterpolitischen Perspektive gerade wegen der mit dem Begriff [des Opfers] verbundenen Assoziationen wichtig, auf diesen widerständigen Begriff zu bestehen. Er zielt – wie kein anderer Begriff – in den Kern des tradierten Verständnisses von Männlichkeit und fungiert mit einem hohen Aufklärungs- und Erkenntniswert. Trotz der berechtigten Vorbehalte gegenüber dem Opferbegriff ermöglicht dieser die Situationen von Gewalt, Ausbeutung und Misshandlung, die Männern zugemutet werden, überhaupt sichtbar und damit beschreibbar zu machen.“[274]

2 Häusliche Gewalt als Partnerschaftsgewalt

Die dichotome Kategorisierung in Opfer und Täter ermöglicht einerseits eine einfachere Einordnung der Betroffenheit von Gewalthandlungen, führt aber andererseits häufig zu einer Ausblendung des Kontextes. Wie beschrieben, sind Menschen selten nur Opfer oder nur Täter. „Gewalt als soziales Geschehen ist [...] durch Interaktion – also Wechselseitigkeit, wenngleich nicht wechselseitige Gewalttätigkeit – gekennzeichnet.“[275] Die Entwicklung einer spezifischen Gewaltdynamik ist also von dem Verhalten beider Partner abhängig. So weist „auch das Opfer keineswegs nur ein hinnehmendes, paralysiertes Verhalten auf, sondern es moduliert durch sein Verhalten die gewalttätige Beziehungsdynamik mit.“[276] Opfer zu sein bedeutet zudem nicht, nicht auch gleichzeitig Täter sein zu können, so dass „die Zuschreibung des ‚Opferstatus‘ auch kein ‚Beweis‘ für die moralische Integrität des Opfers als gesamte Person“[277] ist. Wie nahe das Opfer- und Tätersein beieinander liegt, ist gerade bei Formen verbaler Gewalt zu beobachten.[278] Partnerschaftliche Konflikte werden insgesamt häufig mit Inputs von beiden Seiten gespickt, so dass auch beide Partner für ihr Nicht-Verhalten oder Verhalten die Verantwortung tragen.

3 Typen von Gewaltbeziehungen

Neben der Feststellung, dass partnerschaftliche Gewalt ein komplexes soziales Geschehen zwischen zwei Menschen ist, existieren auch unterschiedliche Typen von Gewaltbeziehungen.

Gewalt wird **als situatives, spontanes Konfliktverhalten** eingestuft, „wenn bei Meinungsverschiedenheiten oder Uneinigkeiten ein heftiger verbaler Konflikt entgleitet. Sie kann gelegentlich vorkommen und muss nicht immer von derselben Person ausgehen oder kann von

---

[274] LENZ 2007, S. 25.
[275] LAMNEK/ LUEDTKE 2005, S. 63; vgl. Zusammenfassung der Ergebnisse unter Punkt B II 2 b, nach denen in 40% der Fälle wechselseitige Gewalttätigkeit registriert wurde.
[276] OHMS 2007, S. 232.
[277] HEYNE 1993, S. 53.
[278] Vgl. KESSLER ET AL. 2007, S. 57.

beiden gleichzeitig ausgehen."[279] Die Partner befinden sich hier grundsätzlich auf Augen-höhe, Macht- und Kontrollaspekte spielen eine untergeordnete Rolle.[280]

Dagegen bezeichnet **Gewalt als wiederholtes systematisches Gewalt- und Kontrollver-halten**, „dass eine der beiden Personen wiederholt gewalttätig wird oder mit Gewalt droht und mit Einschüchterungen oder kontrollierenden Verhaltensweisen ein latentes Gewalt-klima schafft. Das Ungleichgewicht in der Partnerschaft wird dabei als wesentlicher Bestand-teil dieser Form von Gewalt gesehen."[281] Gewalthandlungen kehren hier in einem relativ regelmäßigen Gewaltkreislauf mit leichten bis schweren körperlichen und psychischen Übergriffen wieder. Eine sogenannte Misshandlungsbeziehung entsteht.[282]

4 Gewaltkreislauf

Ein solcher Gewaltkreislauf stellt sich wie folgt dar:

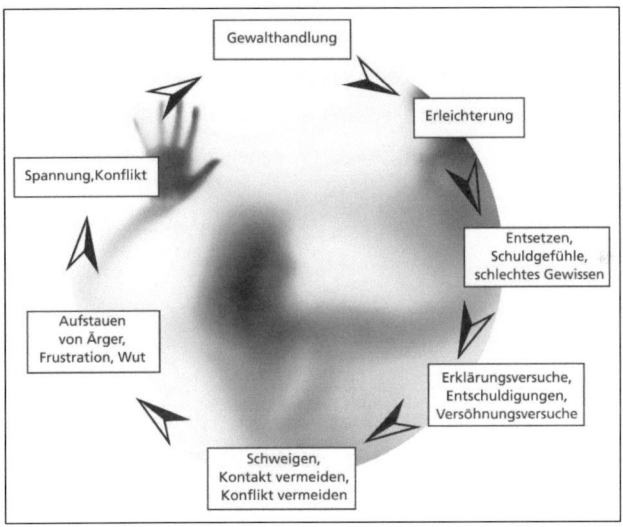

Abbildung 10: Gewaltkreislauf[283]

Bezogen auf männliche Opfer bedeutet dies, dass die Partnerin nach ihrer Gewalthandlung zunächst eine gewisse Erleichterung verspürt und nach der Realisierung ihres Verhaltens Schuldgefühle entwickelt. Das Geschehene versucht sie durch Entschuldigungen und Be-schwichtigungen in der Regel gemeinsam mit dem Partner zu verarbeiten. Wenn Männer aus dem Verhalten der Partnerin dann aber keine entsprechenden Konsequenzen ziehen, fallen

---

[279] EGGER/ SCHÄR MOSER 2008, S. 6.
[280] Vgl. KAVEMANN 2009, S. 48.
[281] EGGER/ SCHÄR MOSER 2008, S. 6.
[282] Vgl. GLOOR/ MEIER 2003, S. 536; KAVEMANN 2009, S. 48.
[283] KOORDINATIONSBÜRO FÜR TÄTERARBEIT RLP o.A., Online.

sie wieder in die Opferrolle und provozieren die Täterin erneut, so dass hieraus wieder ein Konflikt und letztendlich ein Gewaltkreislauf entsteht.[284] Da Gewalthandlungen im häuslichen Bereich in einer Mehrzahl von Fällen keine einmalig auftretenden Ereignisse sind, kommt es nicht nur wiederholt zu Gewaltakten seitens der Partnerin, sondern auch zur wiederholten Viktimisierung männlicher Opfer, die sich in einem stetig enger werdenden Gewaltkreislauf befinden, dem sie ohne fremde Hilfe kaum entfliehen können.[285]

V Häusliche Gewalt gegen Männer in homosexuellen Beziehungen

Da im bisherigen Verlauf dieses Buches in erster Linie auf häusliche Gewalt gegen Männer in heterosexuellen Beziehungen eingegangen wurde, behandelt dieser Abschnitt die häusliche Gewalt gegen Männer in homosexuellen Beziehungen.

Bisher existiert keine repräsentative Untersuchung zu diesem Thema. Die wenigen Informationen reichen von Hinweisen, „dass häusliche Gewalt in schwulen Beziehungen tendenziell häufiger vorkommt als in heterosexuellen"[286] bis hin zu Vermutungen, „dass häusliche Gewalt bei gleichgeschlechtlichen Paaren eine geringere Auftretenswahrscheinlichkeit haben müsse als bei klassisch sozialisierten gegengeschlechtlichen Paaren."[287] In der Pilotstudie „Gewalt gegen Männer" wurden männliche Beziehungspartner zwar erfasst, allerdings lässt die geringe Anzahl nur eine explorative Auswertung bezüglich der Gründe, warum sich betroffene schwule Männer keine Hilfe suchen, zu. Über die bereits dargelegten Feststellungen hinaus, war dies die Angst, sich als schwul zu outen oder innerhalb der schwulen Szene als „Nestbeschmutzer" zu gelten.[288] Weitere Umstände seien nach Finke auch Vorurteile, die gegenüber schwulen Partnerschaften herrschen, wie z. B. dass Gewaltopfer in Partnerschaften nur Frauen werden können, dass es sich bei Gewalthandlungen unter schwulen Partnern nur um einen Streit zwischen Freunden handle, der reine Privatsache sei, oder aber auch die Annahme, „das hat doch etwas mit S/M [Anmerkung der Autorin: sadomasochistische Praktiken] zu tun. Beide mögen das doch."[289]

Einige der in den USA durchgeführten Untersuchungen gehen davon aus, dass 12 bis 20 % aller schwulen Männer Opfer häuslicher Gewalt werden, andere Untersuchungen in vier

---

[284] Vgl. COERSCHULTE 2013.
[285] Vgl. SCHWITHAL 2005, S. 250 ff.
[286] WALTER ET AL. 2004, S. 225; Anmerkung der Autorin: Vermutlich liegt diese Sichtweise vor allem in der Annahme begründet, in homosexuellen Partnerschaften gebe es zwei „Testosteronproduzenten" und damit ein höheres Gewaltpotential.
[287] WALTHER 2009, S. 20; Anmerkung der Autorin: Wahrscheinlich wird hier davon ausgegangen, dass – anders als in heterosexuellen Partnerschaften – zwei tendenziell gleich starke Partner aufeinandertreffen, die aufgrund ihrer „Patt-Situation" Konflikte auf andere Art und Weise als durch den Einsatz körperlicher Gewalt lösen.
[288] Vgl. WALTER ET AL. 2004, S. 225 f.
[289] FINKE 2000, S. 141; vgl. dazu ausführlich FINKE 2000, S. 139-143 ff.

amerikanischen Großstädten ergaben einen Anteil von 35 % mit psychischen, 22 % mit körperlichen und 5 % mit sexuellen Gewalterfahrungen in homosexuellen Partnerschaften.[290] Ein Projekt in San Francisco erhob sogar Zahlen von bis zu 50 % schwuler männlicher Opfer.[291] Bei der Männer-Wohn-Hilfe e. V. in Oldenburg wurden seit dem Bestehen des Angebots eines Übergangswohnraums 2002 erst drei bis vier Anfragen von betroffenen schwulen Männern verzeichnet, ein Einzug fand indes in keinem Fall statt.[292] Besonders gefährdet scheinen schwule Männer bei sexuellen Übergriffen im häuslichen Bereich zu sein, wie eine Potsdamer Befragung schwuler männlicher Opfer herausfand. Danach würden körperliche Gewaltakte insbesondere eingesetzt oder angedroht, um eigene sexuelle Forderungen durchzusetzen.[293] Eine Befragung von Experten im Rahmen einer Schweizer Studie zu Gewalt in Paarbeziehungen ergab, „dass Gewalt, insbesondere sexuelle Gewalt, in homosexuellen Männerbeziehungen ein grosses [sic!] Tabu darstellt, und [...] dass es zumindest in der Schwulenszene viel braucht, bis die Polizei gerufen wird. [...] [Dabei seien] keine qualitativen Unterschiede zur Gewalt bei heterosexuellen Paaren fest[zustellen]. ‚Es sind die gleichen Muster, die ablaufen, die gleichen Themen, die anstehen. Partnerschaftsprobleme und Rollenmuster spielen auch in homosexuellen Beziehungen eine Rolle.'"[294] Da homosexuelle Beziehungen sich an keinem lesbischen oder schwulen Rollenvorbild orientieren können und sich in schwulen Beziehungen typisch männliche Stärken und Schwächen potenzieren, greifen die Männer in der Regel unbewusst auf heterosexuell geprägte Rollenmuster zurück, so dass jeder Mann in der Partnerschaft auch eher weiblich geprägte Rollen einnimmt.[295] Je nachdem welche Erwartungen hinter diesen Rollen stehen, entwickeln sich bestimmte Konflikte oder gar Gewaltakte.

VI Zusammenfassende Betrachtung der Thematik

Männern, egal ob homo- oder heterosexuell, fällt es schwer, sich als Opfer häuslicher Gewalt wahrzunehmen und zu verstehen. Gewalthandlungen gegen Männer unterscheiden sich in den Erscheinungsformen, Ursachen und Risikofaktoren ebenso wie in den Folgen von Gewalthandlungen gegen Frauen. Die Verbreitung häuslicher Gewalt gegen Männer dagegen ist – wissenschaftlich zumindest in Ansätzen belegt – der Verbreitung häuslicher Gewalt gegen Frauen in etwa gleichzusetzen. Bei männlichen Opfern sind dabei einige Besonderheiten zu beachten, die ihren Ursprung in der männlichen Sozialisation wie dem gesellschaftlich vorherrschenden Rollenbild vom „starken" Mann haben und sich auf die

---

[290] Vgl. WALTER ET AL. 2004, S. 225, 227 ff.
[291] Vgl. FINKE 2000, S. 136.
[292] Vgl. ROSENTHAL 2015; Information aus einem persönlichen Gespräch vom 23.03.2015 in Stuttgart.
[293] Vgl. OHMS/ STEHLING 2001, S. 9.
[294] EGGER/ SCHÄR MOSER 2008, S. 44; Hervorhebung im Original.
[295] Vgl. WALTHER 2009, S. 22; OHMS/ STEHLING 2001, S. 16.

Bewältigungsstrategien im Umgang mit den Opfererfahrungen auswirken. Auch wenn häusliche Gewalt in Partnerschaften ein komplexes Geschehen zwischen zwei Menschen darstellt und nicht immer eindeutig ist, wer Täter oder Opfer oder gar beides gleichzeitig ist, ist ein Mann, der Gewalthandlungen in diesem Kontext erfährt, bildlich gesprochen ein „geschlagener Mann". Geschlagen mit der Bürde, nicht als jemand gesehen zu werden, dem Gewalt durch den Partner widerfahren kann, geschlagen damit, sich aufgrund der mit dem Opfersein verbundenen Scham und Angst kaum zu trauen, Hilfe zu holen und letztendlich damit, dann auch noch Gefahr zu laufen, mit dem Problem nicht ernst genommen oder für einen Versager gehalten zu werden.

C Das Hilfesystem für männliche Opfer häuslicher Gewalt

Die Tatsache, dass es sich bei „geschlagenen Männern", wie unter Punkt B dargestellt, um eine spezifische Thematik im Kontext häuslicher Gewalt handelt, lässt die Frage nach Hilfe- und Schutzmaßnahmen für Betroffene laut werden. Der folgende Abschnitt befasst sich deshalb mit dem Maßnahmensystem gegen häusliche Gewalt bei männlichen Opfern. Auf einen kurzen historischen Rückblick folgen Möglichkeiten des gesetzlichen Schutzes Gewaltbetroffener und politische Interventionen. Im Anschluss werden Hilfe- und Beratungsangebote der Sozialen Arbeit präsentiert, die Mängel im Hilfesystem zusammengefasst und Handlungsempfehlungen für eine bedarfsgerechte Ausgestaltung gegeben.

I Rückblick: Häusliche Gewalt wird zum sozialen Problem

Vorfälle, die heute als häusliche Gewalt gelten, wurden bereits in der Antike beschrieben und über Jahrhunderte gesellschaftlich akzeptiert wie toleriert.[296] Auch in Deutschland galten Ehe und Familie, ebenso wie die Wohnung, lange Zeit als Orte der unantastbaren, schützenswerten Privatsphäre, aus welcher sich der Staat möglichst herauszuhalten hatte.[297]

Ende der 1960er Jahre hielt die alltägliche, im häuslichen Bereich stattfindende Gewalt mit der ersten **Frauenbewegung** erstmals Einzug in die öffentliche Diskussion. In den 1970er Jahren wurde Gewalt in der Familie und speziell gegen Frauen mit dem Slogan „Das Private ist Politisch!" durch den öffentlich erzeugten Druck der neuen Frauenbewegung als Politikum definiert.[298] Seither gilt häusliche Gewalt als soziales Problem, d. h. als sozialer Missstand, der nicht weiter als Privatsache gesehen wird, sondern durch sozial-politische

---

[296] Vgl. LEUZE-MOHR 2005, S. 143; FRANKE ET AL. 2004, S. 193.
[297] BVerfGE 51, S. 97 ff.
[298] Vgl. HAGEMANN-WHITE 2002, S. 124; LENZ 2000a, S. 47.

Maßnahmen eingedämmt werden muss und für dessen anhaltende öffentliche Bearbeitung sich die Frauenbewegung einsetzt.[299] Infolgedessen wurden 1976 die ersten Frauenhäuser in Köln und Berlin gegründet und sogenannte Frauennotrufe installiert. Mit den 1980er Jahren begann die Enttabuisierung innerfamiliären sexuellen Missbrauchs. Innerhalb des neuen Forschungsgebietes Viktimologie entwickelte sich eine starke Zentrierung auf männliche Täter und die Vernetzung mit staatlichen Institutionen wurde ausgebaut.[300] Seit einem 1990 veröffentlichten Bericht der Gewaltkommission gilt Gewalt in der Familie als die am weitesten verbreitete Form von Gewalt.[301] Die Verdienste der Frauenbewegung bis heute sind „zahlreiche Veränderungen im Hilfesystem und die öffentliche wie juristische Ächtung von Gewalt (vorwiegend gegen Frauen und Kinder)"[302], die ein breites Spektrum an Hilfemöglichkeiten für weibliche Opfer – wie z. B. 435 Frauenhäuser und -wohnungen, spezialisierte Beratungsstellen, Notruftelefone oder Opferhilfebüros – umfassen und 2002 das Gewaltschutzgesetzes entstehen ließen.[303]

Von den gleichen Gruppierungen getragen, formte sich in den 1980er Jahren die **Kinderschutzbewegung**, in deren Mittelpunkt innerfamiliäre Gewalt gegen Kinder mit dem Fokus auf körperliche Züchtigung, Ausbeutung und sexuelle Gewalt steht und in deren Folge im Jahr 2000 das Recht auf gewaltfreie Erziehung in § 1631 II BGB verankert wurde.[304]

Erste Männergruppen, später auch Männerbüros und -initiativen, führten 1975 zum Beginn der **Männerrechtsbewegung**. Bei diesen sogenannten „bewegten Männern" setzt sich der antisexistisch eingestellte Teil für die Gleichstellung der Geschlechter (so z. B. für die Rechte als Väter), der individualistische hingegen für Selbstverwirklichung und freie Entfaltung (insbesondere schwuler Männer) ein. Ab 1985 wurden Männerprojekte vor allem für männliche Täter installiert und mit der Männerarbeit begonnen.[305] Obwohl der Anspruch der „bewegten" Männer nach außen hin ein anderer ist, ist die Männerbewegung von einer solidarischen Verbindung mit männlichen Opfern in vielen Fällen aber noch weit entfernt, so dass sie bislang keinen allzu großen Einfluss auf die öffentliche Meinungsbildung ausübt. So wird Gewalt gegen Männer eher als Einzelfall-, denn als soziales Problem gesehen.[306]

---

[299] Vgl. GEMÜNDEN 1996, S. 1, 32, 35 ff.
[300] Vgl. LÖBMANN/ HERBERS 2005, S. 34; DEUTSCHES JUGENDINSTITUT e.V./ STATISTISCHES BUNDESAMT 2005a, S. 615 ff.
[301] Vgl. SCHWIND ET AL. 1990, S. 75.
[302] WALTER ET AL. 2004, S. 216.
[303] Vgl. LAMNEK/ LUEDTKE 2005, S. 38; LÖBMANN/ HERBERS 2005, S. 34.
[304] Vgl. DEUTSCHES JUGENDINSTITUT e.V./ STATISTISCHES BUNDESAMT 2005a, S. 619 f.; WYSS 2006, S. 11; FRANKE ET AL. 2004, S. 193.
[305] Vgl. BRANDES/ BULLINGER 1996b, S. 56; BRZOSKA 1996, S. 81 ff.
[306] Vgl. LENZ 1996, S. 201; OTTERMANN 2003, S. 173; GEMÜNDEN 1996, S. 35 f.

II Gesetzlicher Schutz

Seit den Frauenbewegungen sind umfangreiche Gesetzesänderungen zur Bekämpfung häuslicher Gewalt erfolgt. Dabei verweist das politische wie rechtliche Motto „Wer schlägt, der geht!" auf das Kernstück des rechtlichen Maßnahmensystems: das 2002 in Kraft getretene sogenannte Gewaltschutzgesetz.[307] Neben diesem werden die wichtigsten Rechtsnormen zum Schutz vor häuslicher Gewalt nun in ihren zentralen Elementen dargestellt. Die Reihenfolge der Darstellung lehnt sich dabei an den zeitlichen Ablauf bei einem durch Gewalthandlungen ausgelösten Polizeieinsatz an.

1 Öffentlich-rechtlicher Schutz durch Polizeirecht und OEG[308]

In akuten Gefahrensituationen im häuslichen Bereich kommen polizei- und ordnungsrechtliche Maßnahmen in Betracht, die in den Zuständigkeitsbereich der Polizei der Bundesländer fallen und deshalb teilweise unterschiedlich geregelt sind.[309] Auf Basis der Generalklausel der §§ 1 I i. V. m. 3 PolG[310] ist beispielsweise die Polizei in Baden-Württemberg dazu verpflichtet, diejenigen Maßnahmen zu ergreifen, die ihr nach Ausübung pflichtgemäßen Ermessens zur Gefahrenabwehr und zur Beseitigung von Störungen erforderlich erscheinen. Darüber hinaus hat sie die ungehinderte Ausübung der staatsbürgerlichen Rechte zu gewährleisten, d. h. die Grundrechte des Opfers insbesondere auf Würde, freie Entfaltung der Persönlichkeit, Leben, körperliche Unversehrtheit, Freiheit und Eigentum nach dem Grundgesetz zu schützen, § 1 I PolG i. V. m. Art. 1 bis 19 GG[311]. Bereits bei einer Anscheinsgefahr – d. h. die Polizisten sind aufgrund verständiger Würdigung objektiver Umstände davon überzeugt, dass die Situation vor Ort gefährlich ist, auch wenn dies tatsächlich nicht der Fall ist – kann der nach § 6 PolG ermittelte Störer des Platzes oder aus der Wohnung verwiesen und gegebenenfalls ein Rückkehr- wie Annäherungsverbot gegen ihn ausgesprochen werden, vgl. § 27 a I, III PolG. Diese Sofortmaßnahmen sind nach einer Verhältnismäßigkeitsprüfung von der Polizei auf maximal vier und vom Amt für öffentliche Ordnung auf maximal zwei Wochen befristbar und können dann gemäß § 27 a IV PolG auf Antrag über zivilgerichtliche Schutzanordnungen zu einem länger andauernden und umfassenderen Schutz ausgeweitet werden. Darüber hinaus besteht nach

---

[307] Vgl. LEUZE-MOHR 2005, S. 146; amtliche Langfassung des Gewaltschutzgesetzes: „Gesetz zur Verbesserung des zivilgerichtlichen Schutzes bei Gewalttaten und Nachstellungen sowie zur Erleichterung der Überlassung der Ehewohnung bei Trennung".
[308] Opferentschädigungsgesetz.
[309] Vgl. CIPSER 2014, S. 2.
[310] Polizeigesetz Baden-Württemberg.
[311] Grundgesetz.

§ 33 I PolG die Möglichkeit, die Haustürschlüssel des Störers zu beschlagnahmen und/ oder den Störer selbst nach § 28 I PolG in Gewahrsam zu nehmen.

Neben den polizei- und ordnungsrechtlichen Maßnahmen ist auch an einen möglichen Anspruch aus dem Opferentschädigungsgesetz zu denken, bei dem nach § 1 I OEG derjenige einen Versorgungsanspruch geltend machen kann, der durch einen vorsätzlichen, rechtswidrigen, tätlichen Angriff auf die Gesundheit geschädigt ist. Neben Körperverletzungen fallen hierunter auch Sexualdelikte, Drohungen mit einer Waffe oder tätliche Angriffe bei Stalking.

2 Strafrechtlicher Schutz durch StGB[312], GewSchG[313] und StPO[314]

Die Strafverfolgung stellt ein weiteres wichtiges Element der Bekämpfung von häuslicher Gewalt dar. Gewalthandlungen im häuslichen Bereich verwirklichen regelmäßig Straftatbestände, wie z. B. die der fahrlässigen (§ 229 StGB), einfachen (§ 223 StGB) oder gefährlichen (§ 224 StGB) Körperverletzung, Nachstellung (§ 238 StGB; auch genannt Stalking), Freiheitsberaubung (§ 238 StGB), Nötigung (§ 240 StGB), Bedrohung (§ 241 StGB), Beleidigung (§ 185 StGB), üble Nachrede (§ 186 StGB) oder auch Verleumdung (§ 187 StGB). Darüber hinaus stellt § 4 GewSchG die Nichteinhaltung zivilgerichtlicher Schutzmaßnahmen durch den Täter unter Strafe. Die Einleitung eines Ermittlungsverfahrens hängt dann davon ab, ob es sich wie bei den §§ 185, 223 und 229 StGB um ein Antragsdelikt gemäß §§ 194 I 1, 230 I 1 StGB handelt und ein entsprechender Antrag vom Opfer gestellt wurde oder ob ein Einschreiten von Amts wegen aufgrund des besonderen öffentlichen Interesses geboten ist. Letzteres wird nach Nr. 85 II und Nr. 233 RiStBV[315] bei Taten in einer engen Lebensgemeinschaft grundsätzlich angenommen. Ist das Ermittlungsverfahren abgeschlossen, kann die Staatsanwaltschaft das Verfahren einstellen oder Anklage erheben. Bei Verfahrenseinstellungen von Straftaten im häuslichen Bereich ist insbesondere an § 153 a StPO, also eine Einstellung unter der Auflage, an einem sozialen Trainingskurs teilzunehmen oder an einem Täter-Opfer-Ausgleich mitzuwirken, oder an § 59 StGB (Verwarnung mit Strafvorbehalt) zu denken.

3 Zivilrechtlicher Schutz durch GewSchG, BGB[316] und OASG[317]

Während im Polizei- wie Strafrecht ein Einschreiten auch von Amts wegen möglich ist, ist die Einleitung eines zivilgerichtlichen Verfahrens immer von einem entsprechenden Antrag des Opfers abhängig. Dies bringt besonders bei Fällen häuslicher Gewalt eine hohe Hemm-

---

[312] Strafgesetzbuch.
[313] Gewaltschutzgesetz.
[314] Strafprozessordnung.
[315] Richtlinien für das Strafverfahren und das Bußgeldverfahren.
[316] Bürgerliches Gesetzbuch.
[317] Opferanspruchssicherungsgesetz.

schwelle für die Betroffenen mit sich. Wird diese Hemmschwelle überwunden, können Ansprüche auf Unterlassung nach § 1004 BGB ebenso wie auf Schadensersatz und Schmerzensgeld gemäß §§ 823 i. V. m. 249, 253 BGB gestellt werden. In bestimmten Fällen i. S. d. § 1671 I, II, Nr. 2 BGB kann das Opfer die Übertragung des alleinigen Sorgerechts und sogar die Aussetzung oder Einschränkung des Umgangsrechts in § 1684 BGB beantragen. Darüber hinaus enthält das Gewaltschutzgesetz zwei bedeutende Schutzanordnungen: Nach § 2 GewSchG kann das Opfer vom Täter, unabhängig davon, ob der Täter Eigentümer oder Mieter der Wohnung ist, von diesem die Überlassung der gemeinsam genutzten Wohnung zur alleinigen Benutzung für bis zu sechs Monate verlangen und diesen Zeitraum gegebenenfalls um weitere sechs Monate verlängern. Ist das Opfer mit dem Täter verheiratet, kann sich der Anspruch auf Wohnungsüberlassung sogar bis zur Scheidung nach § 1361 b I BGB erstrecken. Daneben können vom zuständigen Familiengericht zum Schutz des Opfers auf Antrag gemäß § 1 GewSchG noch andere Maßnahmen, z. B. ein Kontakt-, Annäherungs- und/oder Aufenthaltsverbot angeordnet werden.

Abschließend erwähnt wird auch noch das sogenannte Opferanspruchssicherungsgesetz, welches nach § 1 OASG in Fällen, in denen der Täter die Tat öffentlich vermarktet[318], ein Pfandrecht an den Gewinnen entstehen lässt, damit das Opfer seine Schadensersatz- und Schmerzensgeldansprüche leichter durchsetzen kann.

4 Resümee zum gesetzlichen Schutz

Inzwischen gibt es eine Vielzahl an gesetzlichen Schutzmöglichkeiten für Opfer häuslicher Gewalt und obwohl zwar alle Gesetze geschlechtsneutral angelegt sind, haftet vielen Paragraphen die Konnotation des weiblichen Opfers und des männlichen Täters an. Besonders deutlich wird dies am polizeirechtlichen Begriff des Störers. Aus diesem Grund ist es für alle sich mit Rechtsvorschriften befassenden Fachleute wichtig, sich dieser klischeehaften Zuordnung bewusst zu sein und ihr Urteil geschlechtsunabhängig zu fällen.

III Politische Interventionen

Zusätzlich zu den umfangreichen Gesetzesänderungen entstanden aufgrund des öffentlichen Drucks der Frauenbewegungen auf Bundes-, Länder- wie auch kommunaler Ebene vielfältige Aktionspläne und politische Maßnahmenkataloge zur Eindämmung von Gewalt gegen Frauen.[319] Von der Europäischen Union wurden „zwischen 2004 und 2008 [...] europaweit 303 Projekte im ‚Kampf gegen die Gewalt gegenüber Frauen und Kindern' [...] mit 50 Millionen

---

[318] Beispielsweise durch die Abtretung der Nutzungsrechte an Print- wie digitale Medien.
[319] Vgl. MÜLLER/ SCHRÖTTLE 2012, S. 670.

Euro […] gefördert. […] 5 % der Projektmittel wurden für die Gruppe der Männer reserviert. Allerdings [waren] hier nicht viktimisierte Männer gemeint. Sondern [sic!] die 2,5 Millionen Euro soll[t]en im Namen von ‚Gewaltprävention‘ der expliziten Zielgruppe ‚Täter und gewalttätige Männer‘ zugute kommen [sic!].“[320] Ähnlich verhält es sich mit der politischen Auseinandersetzung bezogen auf männliche Opfer in Deutschland. Auf Bundesebene wurde 2004 die hier unter Punkt B II 1 c vorgestellte Pilotstudie „Gewalt gegen Männer“ vom Bundesministerium für Familie, Senioren, Frauen und Jugend, also einem Ministerium, welches unter anderem seinen Fokus auf Frauen, nicht aber auf Männer richtet, in Auftrag gegeben. Mit Hilfe dieser Studie sollten erste deutsche Forschungszugänge zu diesem Thema eröffnet werden. Darüber hinaus existieren derzeit keine Aktionspläne, Maßnahmenkataloge oder Arbeitsgruppen wie dies im Bereich häuslicher Gewalt gegen Frauen der Fall ist. Ebenso wenig sind auf Länderebene entsprechende politische Bemühungen festzustellen. Lediglich auf kommunaler Ebene sind spärliche Versuche zu verzeichnen die Problematik auf die politische Agenda zu setzen. Diese Versuche erschöpfen sich beispielsweise in Berlin darin, dass 2002 ein erster Antrag zur Finanzierung des Projektes "Männerhaus" bei dem Berliner Senat und dem Bundesfamilienministerium eingereicht wurde. Dieser Antrag wurde aufgrund nicht ausreichender Finanzmittel für ein Projekt in diesem Bereich sowie dem Verweis auf die sachlich eher zuständige Senatsverwaltung für Bildung, Jugend und Sport abgelehnt.[321] Ein weiterer Versuch die Thematik in den Fokus der Politik zu rücken wird derzeit in Stuttgart unternommen. Hier hat die Sozialberatung Stuttgart e. V. Mitte März 2015 im Rahmen einer Pressekonferenz ihr Projekt „Gewaltschutz für Männer“ beworben und auf die wissenschaftliche Begleitung durch die Autorin dieser Untersuchung verwiesen, um neben der Öffentlichkeit auch die kommunale Politik auf das Thema aufmerksam zu machen.[322] Durch einen entsprechenden Antrag für den Doppelhaushalt 2016/17 bei den verschiedenen Gemeinderatsfraktionen bemüht sich die Sozialberatung Stuttgart e. V. zudem, Unterstützung bezüglich der Finanzierung ihres Gewaltschutzprojektes zu erhalten.[323] Wie die Gemeinderatsverhandlungen ausgehen ist zum Zeitpunkt der Anfertigung dieses Buches noch offen.

---

[320] LENZ 2007, S. 42.
[321] Vgl. THIEL 2011, Online.
[322] Vgl. LANDESHAUPTSTADT STUTTGART 2015, Online; SOLDT 2015; LEIBBRAND 2015; BÖHM 2015.
[323] Vgl. SOZIALBERATUNG STUTTGART e. V. 2015b, S. 1 ff.

IV Hilfe- und Beratungsangebote der Sozialen Arbeit

An die Darstellung des rechtlichen Schutzes und der kaum vorhandenen politischen Interventionen für männliche Opfer häuslicher Gewalt schließt die Eruierung des von der Sozialen Arbeit zur Verfügung gestellten Hilfeangebots an. Während es geschlechtsspezifische Beratungsangebote für von häuslicher Gewalt betroffene Frauen wie beschrieben bereits seit Mitte der 1970er Jahre gibt, fehlt ein ähnlich ausdifferenziertes Beratungsnetz für Männer,[324] so dass im Folgenden nur die wenigen bereits existierenden Angebote erläutert werden können. Vorab möchte die Autorin aber noch auf die Besonderheiten bei der Beratung männlicher Opfer eingehen.

1 Spezifika der Beratung männlicher Opfer

„Beratung ist heute zentrale Aufgabe und Methode bzw. Instrument der sozialen Arbeit. […] Beratung zielt auf Veränderung durch Einsicht und Lernen. Sie ist Orientierungs-, Planungs- und Entscheidungshilfe"[325] und „umfasst je nach Bedarf psychologische, juristische und soziale Hilfestellungen. Sie kann einmalig oder über einen längeren Zeitraum stattfinden [,] [bietet] akute Krisenintervention […], unterstütz[t] die Betroffenen bei der Verarbeitung [ihrer Probleme und vermittelt], wenn es erforderlich ist, […] [entsprechende] Fachpersonen."[326]

a Besonderheiten in der Beratung von Männern und männlichen Opfern

Bei der Beratung von Männern ist allgemein zu beachten, dass Männer bei der Inanspruchnahme von Beratungsangeboten aufgrund ihrer Sozialisation und den männlichen Geschlechterrollenstereotypen eine spezifische Schwellenangst mitbringen, welcher auf eine angemessene wie professionelle Weise begegnet werden muss. Dies zeigen auch die wenigen Erfahrungen von männerspezifischen Beratungsstellen, nach denen „viele Männer sich auf persönlich-emotionalem Gebiet keine Hilfe holen, weil sie schon ein Problem damit haben, Probleme zu haben. […] Männer haben keine Probleme, sie lösen sie. […] Ein Eingestehen von Schwierigkeiten […] käme einem Versagen gleich. Von einem Mann zu fordern, von sich aus offen und ehrlich über Probleme […] zu reden oder gar sich beraten zu lassen, hieße, von ihm zu verlangen, sich als ,Versager' zu outen. Kann man also Männer gar nicht beraten?"[327] Nach Beier et al. gelingt das offene Reden über persönliche Themen wohl nur durch niederschwellige männerspezifische Rahmenbedingungen, die es den Männern leicht machen, ihre Schwellenangst zu überwinden.[328] Diese Schwellenangst

---

[324] Vgl. LENZ 2000b, S. 7.
[325] EBD.
[326] INGENBERG 2007, S. 179.
[327] BEIER ET AL. 2001, S. 251 f.
[328] Vgl. EBD., S. 252.

ist bei männlichen Gewaltopfern darüber hinaus um ein vielfaches erhöht, da das Opfersein aufgrund der Rollenvorstellungen für Männer mit Scham, Schande und wenig Glaubwürdigkeit besetzt ist.[329]

Zunächst basiert geschlechtssensible Soziale Arbeit stets auf dem Verständnis und der Akzeptanz von männlichen oder weiblichen Bewältigungsstrategien sowie deren Plausibilität für die Betroffenen. Zudem sollen sich die Betroffenen in der Beratung auch unabhängig von ihrer Geschlechterrolle wohl fühlen, um durch Ressourcenarbeit letztendlich destruktive Verhaltensweisen (wie dem sozialen oder emotionalen Rückzug) auflösen oder mindern zu können.[330] Wie der Einstieg in eine Beratung gelingt, welche Grundprinzipien bei einer Beratung von Männern dabei zu verfolgen sind und welches Geschlecht der Berater haben sollte, wird nun erläutert. Abschließend werden noch vier Aspekte männerspezifischer Niederschwelligkeit dargestellt, welche dazu beitragen, die Hemmschwelle der betroffenen Männer bezüglich der Inanspruchnahme einer Beratung zu senken.

Der Einstieg in die Beratung

„Im Mittelpunkt jeder Beratung steht die Sprache."[331] Aber genau das ist oft das erste Problem im Beratungskontext. Vielen Männern fällt es aufgrund ihrer Sozialisation und den männlichen Geschlechterrollenstereotypen schwer, über Probleme und die eigene Hilflosigkeit zu sprechen. Männerberatungen berichten davon, dass diese Männer in der Regel erst einmal versuchen sich zu rechtfertigen, ihre Probleme zu „rationalisieren" und den Berater auf die eigene Seite zu ziehen.[332] Neben der „Kategorie" von Männern, die in der Lage ist, sich selbst entweder Rat im sozialen Umfeld oder professionelle Beratung zu suchen, gibt es auch jene Männer, die eine Beratung nur als allerletzte Möglichkeit sehen, wenn die eigenen Bewältigungsstrategien versagt haben.[333] Bei gewaltbetroffenen Männern ist oft zu beobachten, dass die erste Kontaktaufnahme in knapp 20 % der Fälle durch eine weibliche Person aus dem Familien- oder Freundeskreis erfolgt.[334] Da Männer an sich und von häuslicher Gewalt betroffene Männer insbesondere einer Beratung im Regelfall mit vielen Vorbehalten gegenüberstehen, ist es besonders wichtig, schon zum Einstieg viel Klarheit, Offenheit und Überschaubarkeit hinsichtlich Beratungssituation und -inhalt zu schaffen.[335]

Grundprinzipien der Beratung

Bei der Beratung von Männern gilt es, zu Beginn die Situation klarzustellen und dem Mann eine eindeutige Beratungsprognose zu geben. Diese umfasst beispielsweise die Informa-

---

[329] Vgl. SCHESKAT 2000, S. 225.
[330] Vgl. BÖHNISCH/ FUNK 2002, S. 26 f.
[331] EBD., S. 226.
[332] Vgl. EBD.
[333] Vgl. EBD., S. 228 f.
[334] Vgl. INGENBERG 2007, S. 181.
[335] Vgl. ROSENTHAL 2015; Information aus einem persönlichen Gespräch vom 23.03.2015 in Stuttgart.

tion, dass der Berater z. B. im Falle der häuslichen Gewalt diese nicht beseitigen können wird, er aber alles dafür tun wird, dass ein Sich-Einlassen des Mannes auf den Beratungsprozess bereits eine Verbesserung seiner Gefühlswelt und somit der individuellen Situation zur Folge hat. Der Berater muss dem betroffenen Mann verdeutlichen, dass es in der Beratung um ihn, sein Verhalten oder Nicht-Verhalten sowie seine Hilflosigkeit geht und lediglich am Rande um die Frau oder Kinder.[336] Bei der Beratung selbst werden Person und Problem voneinander getrennt, der Berater nimmt dabei eine wertschätzende Haltung gegenüber der Person ein, er zeigt seinem Gegenüber, dass er dessen Handeln verstehen und sich in dessen Lage versetzen kann. Das in frauenspezifischen Hilfeansätzen geltende Prinzip der Parteilichkeit ist nach Brandes und Bullinger aber nur bedingt auf die Beratung von Männern übertragbar. Dennoch müsse der Berater seinem Klienten eine „geschlechtsspezifische Empathie" entgegenbringen.[337] Dadurch, dass der Berater im Gespräch Rechtfertigungen wie Rationalisierungen des Mannes eine gewisse Zeit „aushält", entsteht eine Vertrauensbasis durch die der Berater den Klienten schließlich mit dessen problematischen Verhaltensmustern konfrontieren und diese gemeinsam mit dem Klienten bearbeiten kann.[338]

<u>Besondere Beratungsmethoden bei männlichen Opfern</u>

Neben den allgemeinen in der psychosozialen Beratungsarbeit verwendeten Methoden (wie dem lösungs-, ressourcen- und lebensweltorientierten, klientenzentrierten oder systemischen Ansatz), bietet gemäß Scheskat in der Männerarbeit vor allem die körperorientierte Vorgehensweise eine gute Möglichkeit für männliche Opfer, die oft durch Rollenstereotype verschlossenen Zugänge zu den eigenen Gefühlen zu öffnen und zu veranschaulichen. Schutzhaltungen können gespiegelt und neue Einstellungen durch bis dato unbekannte Haltungen eingeübt werden. Die Passivität des Opferstatus wird so in Aktivität umgewandelt.[339] Auch durch die Möglichkeit in geschützter experimenteller Umgebung die eigene durch Ängste, Scham und Tabuisierung geprägte Schutzhaltung zu verlassen, können Männer verlorene Energie aktivieren und einen aktiv-offensiven Zugang zu ihrem Opfererleben erhalten.[340]

<u>Gruppen- und Einzelberatung</u>

Aufgrund der wenigen von häuslicher Gewalt betroffenen Männer, die Hilfe in Form einer Beratung suchen, ist Einzelberatung derzeit die Regel. Für den erfreulichen Fall, dass sich künftig mehr Männer „outen" und Bedarf anmelden würden, wäre aber auch an eine Gruppenberatung zu denken. Dort würden sie andere Betroffene kennenlernen und könnten so die Erfahrung machen, dass sie mit ihrem Problem nicht alleine sind. Eine solche Gruppe

---

[336] Vgl. BÖHNISCH/ FUNK 2002, S. 229 f.
[337] Vgl. BRANDES/ BULLINGER 1996a, S. 8 f.
[338] Vgl. BÖHNISCH/ FUNK 2002, S. 230.
[339] Vgl. SCHESKAT 2000, S. 228 f.
[340] Vgl. EBD., S. 229 f.

bietet einen geschützten Raum, in dem der Mann seine Stärken wie Schwächen durch die anderen Teilnehmer gespiegelt bekommt und durch wechselseitige Anerkennung zu mehr Selbstbewusstsein wie auch zu einem offeneren Umgang mit der Thematik findet.

Das Geschlecht des Beraters

Da das Geschlecht bei der Beratung eine wichtige Rolle spielt, stellt sich die Frage, ob sich bei einer Männerberatung eher ein Berater oder eine Beraterin empfiehlt.

Nach Brandes et al. liegt der Vorteil einer **Mann-Mann-Konstellation** darin, dass „beide Partner vor dem Hintergrund einer männlichen Biographie miteinander kommunizieren. D. h. es gibt ein erhebliches unbewußtes Verständigungsreservoir etwa darüber, was es heißt, in dieser Gesellschaft Mann zu sein, [...] [und] welche Gefühle unterschiedlichster Art Frauen bei einem Mann auslösen"[341]. Diese Konstellation birgt einerseits aufgrund der gemeinsamen „männlichen" Basis die Gefahr eines mehr oder weniger bewussten „Auslassens" bestimmter eher unbeliebter Elemente des Mannseins und könnte andererseits dazu führen, vor allem in Fällen häuslicher Gewalt durch die Partnerin eine Art „Abwehrbündnis" gegen Frauen zu schließen.[342] „Trotz dieser Einwände [...] kann man davon ausgehen, daß besonders Männer, die zu einem fragilen und ständig gefährdeten Selbstbild neigen, aus einer Konstellation mit einem männlichen [...] [Berater] den Vorteil ziehen können, ein idealisierbares und sie anerkennendes männliches Gegenüber vorzufinden, das ihnen erlaubt, sich in der Identifikation mit ihm in ihrer eigenen Männlichkeit zu stabilisieren"[343] und Gewalterfahrungen durch die Partnerin zu enttabuisieren.

Demgegenüber könnte der Vorteil einer **Frau-Mann-Konstellation** darin liegen, dass von häuslicher Gewalt betroffene Männer in ihrer Sozialisation bisher sehr diffuse Erfahrungen mit dem weiblichen Geschlecht gemacht haben.[344] Auf der einen Seite steht die von gesellschaftlichen Rollenbildern geprägte Weiblichkeits-Männlichkeits-Dichotomie, bei der Weiblichkeit mit Attributen wie Schwäche, Abhängigkeit und Emotionalität aus männlicher Sicht eher negativ besetzt ist. Auf der anderen Seite widerfahren ihnen von der eigenen Partnerin körperliche wie psychische Gewalthandlungen, in denen die Partnerin die typisch weiblichen Attribute nicht erfüllt. Mit Hilfe einer Beraterin könnten betroffene Männer lernen mit dieser Diffusion umzugehen.

Da männliche Opfer häuslicher Gewalt neben wenig Selbstbewusstsein und dadurch, dass sie durch die Gewalt der Partnerin nicht mehr dem klassischen Bild des „starken" Mannes entsprechen, meist auch ein gestörtes Selbstbild mit sich bringen, scheint sich in diesen

---

[341] BRANDES ET AL. 1996, S. 114.
[342] Vgl. EBD.
[343] EBD., S. 114 f.
[344] Vgl. EBD., S. 115.

Fällen eine Mann-Mann-Konstellation zu empfehlen. Denn ähnlich wie es aus der Frauen-bewegung mit ihren speziellen Angeboten von Frauen für Frauen bekannt ist, bildet eine Arbeit von Männern für Männer ein solidarisches Fundament, eine Schutzzone bzw. einen „Männerort", der die Chance erhöht, dass sich die von häuslicher Gewalt betroffenen Männer wahr- und ernst genommen fühlen.[345]

Vier Aspekte männerspezifischer Niederschwelligkeit

Beier et al. arbeiteten bei der nachträglichen Analyse einer von ihnen durchgeführten Bera-tungsaktion folgende Aspekte männerspezifischer Niederschwelligkeit in Beratungssitua-tionen heraus:[346]

Räumliche Niederschwelligkeit

Da unter Männern die allermeisten Gespräche in halböffentlichen Situationen, wie in der Kneipe, beim Sport, im Verein oder auf der Arbeit stattfinden, eignen sich zur Kontaktauf-nahme jene Beratungsstellen besonders, die gleichzeitig Intimität, aber auch Öffentlichkeit bieten.[347] Beispielhaft ist hier Mann-O-Meter e. V. für schwule Männer in Berlin zu nennen, da der Verein sowohl Treffpunkt als auch Beratungsstelle ist.[348] Klassische Beratungs-stellen sollten leicht zugänglich sein. Ausgeschriebene Öffnungszeiten, die auch berufs-tätige Männer einkalkulieren und keine Voranmeldung erforderlich machen, erleichtern betroffenen Männern den Zugang. Besonders wichtig bei den Beratungsräumen scheint es für Männer zu sein, eine Rückzugsmöglichkeit zu haben, die sie bei Bedarf auch bei einer Unterbrechung des Gesprächs aufsuchen können.[349]

Inhaltlich-interaktionelle Niederschwelligkeit

Die Art und Weise, wie die Männer dann angesprochen werden, spielt eine weitere zentrale Rolle. Hier hat sich nach Beier et al. die Ansprache auf einer Kommunikationsebene bewährt, „die sowohl inhaltlich als auch interaktionell an einen ‚männlichen Diskurs' anknüpft. Von da aus kann stufenweise der Kontakt [...] aufgebaut werden."[350] Der Wartebereich sollte mit Informationsmaterial ausgestattet sein, das sich an die betroffenen Männer richtet. Zu-dem sollten Flyer an Orten verteilt werden, an denen Männer gut erreicht werden können.[351]

Personale Niederschwelligkeit

Aufgrund der Erkenntnis, dass es vielen Männern schwer fällt mit anderen über ihre Gefühle zu reden, erhöht die Möglichkeit einer Beraterwahl bei Männern die Wahrscheinlichkeit, eine

---

[345] Vgl. HAHN 2000, S. 207, 210 ff.
[346] Vgl. BEIER ET AL. 2001, S. 252 ff.
[347] Vgl. EBD., S. 252 f.
[348] Vgl. MANN-O-METER e. V. o.A., Online.
[349] Vgl. BEIER ET AL. 2001, S. 264 f.
[350] EBD., S. 253.
[351] Vgl. EBD., S. 264 f.

Beratung in Anspruch zu nehmen. „Ideal für ein Beratungsangebot wäre deshalb ein richtiggehender ‚Beraterpool‘, in dem es ‚freie Auswahl der Beratertypen‘ gibt."[352] Mit Hilfe von Fotos der Berater in Flyern oder auf der Homepage der Einrichtung können sich Männer zudem einen ersten Eindruck verschaffen.

Situative Niederschwelligkeit
Für Männer ist der Zugang zu einer Beratung überdies leichter, „wenn sie die Art der Situation für sich selbst definieren können."[353] Art, Umfang, Inhalt wie auch das Tempo der Beratung sollte deshalb von den Männern bestimmt werden, während der Berater dem Mann die Möglichkeit gibt, sich bei Bedarf zurückzuziehen, aber auch aufgefangen zu werden. Dies ist gerade aufgrund der häufig gemachten Erfahrung der Männer, nicht zu wissen, wohin sie sich mit ihren Problemen und Ängsten wenden sollen, wichtig.[354]

Ergänzende Besonderheit bei der Beratung von männlichen Opfern
Bei der Beratung von männlichen Opfern ist indes noch hervorzuheben, wie entscheidend es in der konkreten Beratungsarbeit ist, „die individuelle Erlebnisperspektive jedes Mannes mitzuvollziehen [sic!] und das ‚doppelte Leiden‘ ernstzunehmen [sic!]. Dieses besteht im Männlichkeitsraster des ‚Einsteckens und Wegsteckens‘. Erst trifft die Verletzung - [sic!] den Schmerz hat man gelernt einzustecken, dann greift das Gebot des Überspielens und Negierens - [sic!] der Schmerz muss weggesteckt werden."[355]

Schlussbetrachtung zu den Besonderheiten in der Beratung
Vorangegangene Erläuterungen zeigen die Besonderheiten auf, die es bei der Beratung von Männern allgemein zu beachten gilt. Um die Männer zu erreichen, müssen Beratungsangebote aufgrund der hohen Hemmschwelle von Männern bei der Inanspruchnahme von Hilfe besonders leicht zugänglich sein. Wie die Rahmenbedingungen für eine angemessene Beratungsarbeit mit männlichen Opfern an sich und besonders vor dem Hintergrund häuslicher Gewalt sein müssen, ist bisher aber noch zu wenig entwickelt.[356] „Notwendig erscheint darum ein selbstbewußter [sic!], von Verantwortung getragener Umgang mit männlichen Opfererfahrungen auch und gerade von Seiten der männlichen Berater"[357]. Darüber hinaus ist für eine professionelle Beratung männlicher Opfer erforderlich, dass in den Bereichen ihrer Wahrnehmung, Kommunikation, ihrem Umgang mit Emotionen wie ihren Verarbeitungsstrategien weiter geforscht wird.[358]

---

[352] BEIER ET AL. 2001, S. 256.
[353] EBD., S. 257.
[354] Vgl. EBD., S. 257 ff., 265 ff.
[355] SCHESKAT 2000, S. 227.
[356] Vgl. HAHN 2000, S. 210.
[357] EBD.
[358] Vgl. INGENBERG 2007, S. 186.

b   Beratung männlicher Opfer im Vergleich zur Beratung männlicher Täter

In welchen Punkten die Beratung von männlichen Opfern der männlicher Täter gleicht oder sich von ihr unterscheidet, wird im Folgenden anhand mehrerer Gespräche mit dem Leiter des Projekts „Gewaltschutz für Männer" der Sozialberatung Stuttgart e. V. aufbereitet.

Gemeinsamkeiten der männlichen Opfer- und Täterberatung

Waldmann[359] berichtet davon, dass sowohl männliche Opfer wie auch Täter Probleme damit haben, dem Gegenüber ihre Grenzen aufzuzeigen und deshalb immer wieder auf ihr bisher gezeigtes Verhalten als Lösungsstrategie zurückgreifen. Der Opfer- und Täterberatung liegt daher zunächst die Auseinandersetzung mit den immer wiederkehrenden Konfliktthemen zugrunde. Der Blick ist dabei auf das „System" Partnerschaft gerichtet, mit dem Ziel, weitere Eskalationen zu verhindern. Dabei sollen Opfer wie Täter lernen, Verantwortung für ihr jeweiliges Nicht-Verhalten oder Verhalten zu übernehmen. Klischeehaft wäre das Opfer dabei dafür verantwortlich, dass es z. B. keine entsprechenden Konsequenzen aus der Gewalthandlung zieht, der Täter hingegen z. B. für seinen Schlag. Um einer solchen Eskalation vorzubeugen, werden sowohl mit dem männlichen Opfer als auch mit dem männlichen Täter sogenannte Notfallpläne erarbeitet. Diese enthalten Verhaltensalternativen, die an einem bestimmten Punkt eines wiederkehrenden Konflikts greifen, so dass sich das Opfer bzw. der Täter aus der „Schusslinie" ziehen kann. Mit männlichen Opfern und Tätern werden zudem die eigenen Rollenbilder und -erwartungen analysiert und frühere Gewalterfahrungen aufgearbeitet, um so mögliche Ursachen für das eigene Verhalten zu eruieren. Dabei sehen sich insbesondere die Täter nicht als Täter. Auch männliche Opfer nehmen Gewalthandlungen gegen sich wie beschrieben häufig nicht aus der Sicht eines Opfers wahr. Auffällig in der Arbeit mit Opfern und Tätern ist dabei, dass die Grenzen zwischen Opfersein und Täterschaft häufig fließend sind und beide ihren Teil zum Konflikt beitragen.[360]

Unterschiede in der männlichen Opfer- und Täterberatung

Opfer- und Täterberatung von Männern unterscheidet sich nach Waldmann in vielen Punkten. Zunächst sind die Blickwinkel und Anfangssituationen entgegengesetzter Natur. Die Opfer kommen als Betroffene von Gewalthandlungen des Partners, die Täter als Ausübende. Auch wenn die Grenzen in der Arbeit mit Opfern und Tätern zwischen Opfersein und Täterschaft häufig verschwimmen mögen, erfolgt der Zugang zur Beratung ganz klar mit der Zuschreibung von Opfer oder Täter. Die Beratungsgespräche mit Opfern sind freiwillig, offen gestaltet, meist kürzer und finden weniger oft statt als mit Tätern, da das jeweilige Opfer die

---

[359] Herr Waldmann berät in Einzel- wie Gruppensettings seit über zehn Jahren Männer als Täter bei Vorfällen häuslicher Gewalt. Seit Mitte 2014 betreut er im Rahmen des Gewaltschutzprojektes für Männer bei der Sozialberatung Stuttgart e. V auch männliche Opfer häuslicher Gewalt in Einzelberatungen.
[360] Vgl. Waldmann 2015; Informationen aus einem persönlichen Gespräch vom 18.03.2015 in Stuttgart.

Inhalte, den Tiefgang und Häufigkeit der Gespräche vorgibt. Die Gespräche finden streng vertraulich und auf Wunsch auch anonym statt. Zentrale Themen jeder Opferberatung sind neben der bereits erwähnten Verantwortungsübernahme (für die eigene Unversehrtheit und die Kinder), die Stärkung des Selbstwertgefühls. Die Ziele der Beratung sind dabei primär Hilfeleistung, Herstellung von Vertrauen und Verbindlichkeit, ebenso wie die empathische Erfahrung, ernst genommen zu werden. Dagegen ist bei der Täterberatung das oberste Ziel, dass der Täter nicht mehr gewalttätig wird und Opferempathie entwickelt. Die Gesprächstermine werden durch den Berater vergeben, sie sind in ihrer Häufigkeit festgelegt und finden in einem festen Rahmen statt. Die Abläufe der einzelnen Beratungen sind klar strukturiert, die Themen vorgegeben. In vielen Fällen finden die Gespräche nicht auf freiwilliger Basis, sondern aufgrund einer gerichtlichen Auflage statt. Eine Schweigepflichtentbindung über die Teilnahme des Täters an der Beratung gegenüber der Justiz ist deshalb erforderlich.[361]

c Beratungsthemen bei männlichen Opfern häuslicher Gewalt

Obwohl die Beratungen der männlichen Opfer sehr individuell sind, gibt es doch viele Querschnittsthemen. Betroffene Männer bringen dabei insbesondere diese Themen in die Beratung ein: Angst, Eifersucht, Alkohol- wie Internetkonsum, Wohnsituation, Geld, Scheidung, akute Trennungssituation, neue Beziehung oder Stalking durch den ehemaligen Partner.[362] Themen, die durch den Berater aufgegriffen werden, sind unter anderem die Würdigung der Kraft sich zu melden, Stabilisierung und Stärkung des Selbstwerts des Opfers, Motivations-, Biografiearbeit, Auseinandersetzung mit männlichen Geschlechterrollenstereotypen, Finden von Handlungsalternativen, Analyse von Kommunikation und Interaktion in der Partnerschaft, Aufarbeitung möglicher Schuldgefühle, Aufzeigen des Gewaltkreislaufs, Aufklärung über Möglichkeiten des Gewaltschutzgesetzes sowie die Verarbeitung der Stigmatisierung durch die Öffentlichkeit.[363]

d Anmerkung zu den Spezifika der Beratung männlicher Opfer

Welche Besonderheiten männliche Opfer im Kontext häuslicher Gewalt bei der Beratung mit sich bringen, ist noch nicht hingehend erforscht. Daher konnten lediglich die Spezifika allgemeiner Männerberatung dargestellt und um Erkenntnisse für Betroffene von häuslicher Gewalt ergänzt werden. Es wurde überdies festgestellt, dass die Beratung von männlichen Opfern in manchen Punkten der von männlichen Tätern gleicht, sich aber in vielen Punkten von ihr unterscheidet und trotz ganz individueller Gespräche bei den Betroffenen und dem Berater häufig die gleichen Beratungsthemen mit sich bringt.

---

[361] Vgl. WALDMANN 2015; Informationen aus einem persönlichen Gespräch vom 19.03.2015 in Stuttgart.
[362] Vgl. SOZIALBERATUNG STUTTGART e. V. 2015b, S. 2.
[363] Vgl. WALDMANN 2015; Informationen aus einem persönlichen Gespräch vom 23.03.2015 in Stuttgart.

2 Hilfe- und Beratungsangebote für männliche Opfer häuslicher Gewalt

Nach der Erläuterung der Beratungsspezifika werden nun die aktuell in Deutschland speziell für männliche Opfer häuslicher Gewalt existierenden Hilfe- und Beratungsangebote beleuchtet, wobei kein Anspruch auf Vollständigkeit besteht. Im Zuge ihrer Recherche kontaktierte die Autorin fünf Beratungsstellen[364] und vier sogenannte Männerhäuser[365], erhielt aber lediglich von drei der Beratungsstellen[366] und einem der Männerhäuser[367] detailliertere Informationen zu ihrer jeweiligen Arbeit mit männlichen Opfern von häuslicher Gewalt.

a Beratungsstellen

Spezialisierte Beratungsstellen für betroffene Männer sind derzeit in Bruchsal, Oldenburg, Hannover, Berlin und Stuttgart anzutreffen.

<u>Beratungsstelle Libelle der SopHiE gGmbH</u>

Die Beratungsstelle der SopHiE (Sozialpädagogische Hilfen für Familie und Erziehung) gGmbH bietet seit Ende 2010 in Bruchsal für Frauen, Männer und Jugendliche, die häusliche Gewalt erfahren und/oder von ihr bedroht sind, Beratung und Unterstützung an. Das Beratungsangebot umfasst dabei individuelle Einzel-, Paar- und/oder Familienberatung im Kontext von häuslicher Gewalt, Reflexion über die aktuelle Situation, Entwicklung neuer Lebensperspektiven, Stärkung des Selbstwerts, Ausarbeitung von Notfallplänen, Informationen über Angebote und Fachstellen im Landkreis sowie muttersprachliche Beratung in verschiedenen Sprachen. Das Angebot ist zudem kostenfrei, vertraulich und anonym. Die Beratungsgespräche finden nach Vereinbarung statt. Daneben gibt es telefonische Sprechstunden.[368]

<u>Beratungsstelle Männersache der Männer-Wohn-Hilfe e. V.</u>

Seit 2013 besteht die Möglichkeit, sich in Oldenburg zwei- bis dreimal wöchentlich von zwei ehrenamtlichen Mitarbeitern mit sozialpädagogischer Ausbildung zu offenen Sprechzeiten am Abend beraten zu lassen. Männer, die Opfer häuslicher Gewalt geworden sind, sind daher nur ein Teil des Klientels. Ziel der Beratung ist die gemeinsame Suche nach Möglichkeiten zur Verbesserung der Situation des Hilfesuchenden und die Veränderung des verzerrten Bildes von „starken" Männern in der Gesellschaft. Dabei gelten bei der Beratung durch

---

[364] Namentlich: Beratungsstelle Libelle der SopHiE gGmbH, Männerbüro Hannover e. V., Beratungsstelle Männersache der Männer-Wohn-Hilfe e. V., Opferhilfe Berlin e. V. und Sozialberatung Stuttgart e. V.

[365] Namentlich: Gewaltschutzhaus Ketzin, Männerhaus Berlin, Männerhaus Harz und Männer-Wohn-Hilfe e. V.

[366] Der Dank der Autorin gilt hier insbesondere Herrn FIEDELER und Herrn GRAUMANN vom Männerbüro Hannover e. V. für den informativen Austausch und die Zusendung der beratungsstelleninternen Statistiken (vollständig im Anhang zu finden), sowie Herrn WALDMANN von der Sozialberatung Stuttgart e. V., der der Autorin mit Informationen und Hinweisen zur Seite stand.

[367] Hier dankt die Autorin Herrn WEINERT für die fachlichen Informationen und Herrn ROSENTHAL für das persönliche Gespräch. Beide Herren sind ehrenamtliche Mitarbeiter bei der Männer-Wohn-Hilfe e. V.

[368] Vgl. SOPHIE GGMBH o.A., Online; Hinweis: Mangels eigener Stellungnahme konnte bei der Beschreibung des Angebots nur auf den Internetauftritt zurückgegriffen werden.

Mitarbeiter der Männersache folgende zwei Prinzipien: „Männer für Männer" sowie „Mitmännlichkeit", also den Respekt vor und die grundsätzliche Anerkennung des Gegenübers als Mann. Obwohl das Angebot der Beratungsstelle, das ausschließlich auf dem Engagement Ehrenamtlicher fußt, wegen der fehlenden finanziellen Unterstützung durch die öffentliche Hand relativ begrenzt ist, sind die Mitarbeiter ausgelastet.[369] Nach Angaben Rosenthals sind die auf zwei Jahre befristeten Anschubgelder des Paritätischen seit Anfang 2015 aufgebraucht, so dass das bisherige Angebot nun auf nur noch zwei Termine in der Woche weiter reduziert werden musste.[370]

Beratungsangebot des Männerbüros Hannover e. V.

Im Jahr 2006 startete das Männerbüro Hannover noch ohne jegliche projektbezogene Finanzierung das Projekt „Beratung Männlicher [sic!] Opfer Häuslicher Gewalt"[371]. Zielgruppe des Angebots waren zunächst von häuslicher Gewalt betroffene Männer mit Wohnsitz in der Stadt Hannover, die sich selbst bei der Beratungsstelle meldeten oder aber im Kontext häuslicher Gewalt als Geschädigte bei der Polizei aktenkundig und so über eine Koordinierungsstelle an das Männerbüro übermittelt wurden. 2013 konnte das Angebot durch eine gesonderte Finanzierung auch auf die Region Hannover ausgedehnt werden.[372] Die Männer, die der Beratungsstelle aufgrund polizeilicher Mitteilung bekannt werden, werden von den Mitarbeitern „unmittelbar, spätestens am nächsten Werktag nach Eingang der Information telefonisch und/oder schriftlich"[373] kontaktiert. Damit soll die Isolation von männlichen Opfern aufgrund der gesellschaftlichen Tabuisierung aufgebrochen und auch die Männer erreicht werden, die aus eigenem Antrieb keine Beratungsstelle aufgesucht hätten.[374] Allen betroffenen Männern werden Beratung, psychosoziale Hilfen sowie weitere Informationen für männliche Opfer häuslicher Gewalt angeboten. Die Beratung beinhaltet dabei eine Sicherheitsplanung, Einzel- und Paarberatung, psychosoziale Krisenintervention, Unterstützung bei weiterem Hilfebedarf wie auch Informationen über die rechtlichen Möglichkeiten des Gewaltschutzgesetzes.[375] Finanziert wird die regionale Arbeit durch die Region Hannover. Zudem besteht eine enge Kooperation mit der Koordinierungs- und Beratungsstelle gegen häusliche Gewalt der Arbeiterwohlfahrt Hannover und dem Team „Gleichstellung" der Stadt Hannover. Wie unter Punkt B II 3 b zu sehen war, verzeichnet das Projekt

---

[369] Vgl. MÄNNER-WOHN-HILFE e. V. o.A.c, Online.
[370] Vgl. ROSENTHAL 2015; Information aus einem persönlichen Gespräch vom 23.03.2015 in Stuttgart.
[371] FIEDELER 2015; Informationen aus einem E-Mail-Kontakt vom 19.02.2015
[372] Vgl. EBD.
[373] MÄNNERBÜRO HANNOVER e. V. 2015, S. 1.
[374] Vgl. EBD.
[375] Vgl. MÄNNERBÜRO HANNOVER e. V. o.A., Online.

zunehmende Fallzahlen, so dass seit 2013 gesonderte Statistiken und Berichte zur Erfassung der männlichen Opfer für die Stadt und die Region erstellt werden.[376]

Beratungsstelle der Opferhilfe Berlin e. V.

Die Opferhilfe Berlin e. V. betreibt eine Beratungsstelle mit zwei Sozialpädagoginnen und einem Sozialpädagogen, die Opfer nach einer Straftat unterstützen und sie über rechtliche Verfahrensabläufe informieren. Dabei besteht die Möglichkeit zwischen einem Berater oder einer Beraterin zu wählen, was gerade für männliche Opfer von häuslicher Gewalt hilfreich sein kann. Die Beratung ist vertraulich und erfolgt persönlich, telefonisch oder per E-Mail. Seit 2011 ist auch eine Online-Beratung installiert, so dass die Hemmschwelle, sich Hilfe zu suchen, gerade für männliche Betroffene weiter reduziert wird.[377]

Beratungsangebot der Sozialberatung Stuttgart e. V.

Seit Mai 2014 berät die Sozialberatung Stuttgart innerhalb ihres Projekts „Gewaltschutz für Männer" von häuslicher Gewalt betroffene Männer und bietet ihnen Unterstützung in ihrer aktuellen Situation, Krisenintervention, Einzelberatung, individuelle Sicherheitsplanung sowie Informationen über weitergehende Therapie- und rechtliche Möglichkeiten an.[378] Die Beratung ist vertraulich wie kostenfrei und findet nach terminlicher Vereinbarung statt. Das Projekt findet in Kooperation mit der Abteilung für individuelle Chancengleichheit von Frauen und Männern der Stadt Stuttgart statt und ist derzeit über Finanzmittel der Stadt für ein Jahr gesichert.[379] Neben diesem Beratungsprojekt ist die Sozialberatung derzeit dabei, durch einen entsprechenden Antrag für den kommunalen Doppelhaushalt 2016/17, die mögliche Finanzierung eines geschützten Wohnraums für bis zu drei betroffene Männer abzuklären.[380]

b Geschützter Wohnraum

Männliche Opfer können geschützten Wohnraum aktuell in Ketzin bei Potsdam, Berlin, im Harz und in Oldenburg finden.

Gewaltschutzhaus Ketzin

Das sogenannte Gewaltschutzhaus in Ketzin wird seit 2009 ehrenamtlich von einem ehemals selbst von häuslicher Gewalt betroffenen Mann betrieben und nahm bisher 80 Männer aus ganz Deutschland auf, die durch das Gewaltschutzgesetz wohnungslos geworden sind.[381] Die Bezeichnung Haus wird dabei dem rund 6.000 Quadratmeter großen Gehöft mit elf Wohnungen und einer 1,5 Hektar großen Pferdekoppel nicht ganz gerecht. Nach Gettner

---

[376] Vgl. FIEDELER 2015; Informationen aus einem E-Mail-Kontakt vom 19.02.2015.
[377] Vgl. OPFERHILFE BERLIN e. V. o.A., Online; Hinweis: Mangels eigener Stellungnahme konnte bei der Beschreibung des Angebots nur auf den Internetauftritt zurückgegriffen werden.
[378] Vgl. SOZIALBERATUNG STUTTGART e. V. o.A., Online.
[379] Vgl. SOZIALBERATUNG STUTTGART e. V. 2015c, S. 3.
[380] Vgl. SOZIALBERATUNG STUTTGART e. V. 2015a, S. 1 ff.
[381] Vgl. GEWALTSCHUTZHAUS KETZIN o.A., Online.

kommen die meisten Männer zu ihm, weil sie eine Auszeit brauchen und bleiben in der Regel drei bis fünf Monate. Die Miete für ein Zimmer beträgt 290 Euro im Monat. Durch die Mieten wird das Haus hauptsächlich finanziert, andere finanzielle Unterstützung erhält es kaum. Der Weiterbestand des Hauses ist aufgrund von Krankheit und des Alters des aktuell 70-jährigen Betreibers Gettner derzeit stark gefährdet.[382]

Männerhaus Berlin

Eine „Zufluchtswohnung" im Berliner Bezirk Lichtenberg bietet derzeit das Projekt „Männerhaus Berlin" für Männer in Krisen und bei familiärer Gewalt an. Hier kann ein betroffener Mann, gegebenenfalls auch mit maximal zwei Kindern, solange wohnen, wie die Notwendigkeit dafür besteht. Da das Angebot auf ehrenamtlicher Basis zur Verfügung gestellt wird, ist es erforderlich, dass sich der bedürftige Mann selbst versorgen kann. Die Tagespauschale beträgt 30 Euro und wird bei niedrigem Einkommen des Mannes vom Jobcenter übernommen. Besuche von Angehörigen oder Bekannten sind im Männerhaus grundsätzlich nicht gestattet, Ausnahmen müssen mit den pädagogischen Mitarbeitern besprochen werden. Nach dem Auszug bieten diese auch eine Nachbetreuung an.[383]

Männerhaus Harz

Seit Mai 2014 existiert das Männerhaus Harz in Osterode, ein begleitetes Selbsthilfeprojekt mit umfangreicher fachlicher Unterstützung. Zuflucht finden dort männliche Opfer aber auch männliche Täter in Fällen häuslicher Gewalt, die gewalttätiges Verhalten ablehnen und sich verändern wollen, die Schutz und Rückzug suchen und benötigen, Veränderung und Gespräche anstreben, sich selbst versorgen können, schwerwiegende Beziehungsprobleme haben, sich in Gewaltkreisläufen befinden und Hilfe beim Ausstieg benötigen. Ausschlusskriterien sind Alkohol- und Drogenabhängigkeit, dauerhafte Obdachlosigkeit oder psychische Krankheiten. In dem Haus stehen vier Einzelzimmer (vier Plätze plus Kinder) und Gemeinschaftsräume für einen Aufenthalt von bis zu sechs Monaten zur Verfügung. Eine ehrenamtliche Beratung durch qualifizierte Fachkräfte kann von den Männern angefordert werden. Voraussetzung für den Einzug ist ein Aufnahmegespräch.[384]

Übergangswohnung der Männer-Wohn-Hilfe e. V.

Die Männer-Wohn-Hilfe e. V. bietet „jedem Mann mit Lebensmittelpunkt in Oldenburg oder der Region, der seine häusliche Situation als belastend oder unerträglich empfindet"[385], die

---

[382] Vgl. Paetzel 2015; Hinweis: Da es Herrn Gettner aufgrund seiner Erkrankung nicht möglich war, selbst Stellung zu nehmen, konnte bei der Beschreibung des Gewaltschutzhauses Ketzin nur auf die zitierten Zeitungsartikel zurückgegriffen werden.

[383] Vgl. Thiel o.A., Online; Hinweis: Mangels eigener Stellungnahme konnte bei der Beschreibung des Männerhauses Berlin nur auf den Internetauftritt zurückgegriffen werden.

[384] Vgl. Männerhaus Harz – Gleich Stark e. V. o.A., Online; Hinweis: Mangels eigener Stellungnahme konnte bei der Beschreibung des Männerhauses Harz nur auf den Internetauftritt zurückgegriffen werden.

[385] Vgl. Weinert 2015; Information aus E-Mail-Kontakt vom 21.01.2015.

Möglichkeit, sich zu melden und bei freiem Platz in die für Betroffene zur Verfügung gestellte Wohnung einzuziehen. Eine Wohnbaugesellschaft unterstützt dieses Angebot, indem sie die Wohnung mietfrei zur Verfügung stellt und der Verein nur für die Deckung der laufenden Kosten aufkommen muss.[386] Die Wohnung ist 70 Quadratmeter groß, wird von acht ausgebildeten Sozialpädagogen ehrenamtlich betreut und hat drei Zimmer. Seit der Installation dieses Angebots im Jahr 2002 wurden bisher 68 Männer aufgenommen.[387] Die Auslastung liegt in der Regel bei 100 %, so dass oft auch eine Warteliste existiert.[388] Platz ist für einen Mann mit Kindern oder zwei Männer. Die Verweildauer ist auf drei Monate befristet. Der Bewohner leistet bei einer alleinigen Belegung einen wöchentlichen Mietbeitrag von 90 bzw. bei einer Doppelbelegung von 45 Euro. Die Kaution beträgt 80 Euro.[389] Über die Aufnahme entscheidet ein vorheriges Gespräch mit zwei Mitarbeitern, wobei ein bereits eingezogener Mann die Möglichkeit hat, sein Veto einzulegen. Ausschlussgründe sind Vorstrafen, eine Suchtmittelabhängigkeit sowie Suizidgefährdung.[390] Da das Angebot keine therapeutische Einrichtung darstellt, muss der Betroffene zur selbstständigen Bewältigung seines Alltags in der Lage und mindestens 25 Jahre alt sein, so dass Probleme wie z. B. das Loslösen vom Elternhaus in der Regel ausgeklammert sind und sich vorwiegend auf die Probleme in Paarbeziehungen konzentriert werden kann. Eine weiterführende Begleitung gibt es nicht.[391] Die Betreuung der Männer in der Wohnung wird durch ein rollierendes System mit durchschnittlich einem persönlichen Kontakt pro Woche vor Ort sowie einem Notfalltelefon gewährleistet und gestaltet sich ganz individuell. Männer, die zum Zeitpunkt des Auszugs aus der familiären Wohnung nicht wissen, ob sie in die Partnerschaft zurückkehren wollen, werden in der Regel ebenso wie ihre Partnerinnen an eine entsprechende Beratungsstelle angebunden.[392] Ziel des Angebots ist es, den bedürftigen Männern einen befristeten Übergangswohnraum zu bieten, der „in der Phase von großer Spannung […] einerseits die Möglichkeit des Ausweichens […] [gibt], um somit alle Voraussetzungen für eine konstruktive Auseinandersetzung zu schaffen. Andererseits kann dieser Rückzugsraum dazu dienen, sich in Ruhe Gedanken zu machen über eine Neubewertung des Bisherigen und Neuorientierung für die Zukunft. Bei Bedarf wird dem betroffenen Mann qualifizierte Beratung angeboten.“[393] Für den Verein hat dieses Angebot eine „ähnliche Funktion wie die Frauenhäuser für Frauen […] [, wird aber] nicht als Konkurrenz oder

---

[386] Vgl. WEINERT 2015; Information aus E-Mail-Kontakt vom 21.01.2015.
[387] Vgl. MÄNNER-WOHN-HILFE e. V. o.A.c, S. 1.
[388] Vgl. WEINERT 2015; Information aus E-Mail-Kontakt vom 31.01.2015.
[389] Vgl. MÄNNER-WOHN-HILFE e. V. o.A.b.
[390] Vgl. ROSENTHAL 2015; Information aus einem persönlichen Gespräch vom 23.03.2015 in Stuttgart.
[391] Vgl. WEINERT 2015; Information aus E-Mail-Kontakt vom 31.01.2015.
[392] Vgl. ROSENTHAL 2015; Informationen aus einem persönlichen Gespräch vom 23.03.2015 in Stuttgart.
[393] EBD.

Gegenentwurf zu Frauenhäusern, sondern als [...] Anfang für den Ausbau eines Unter-stützungssystems für Männer"[394] verstanden. Kommunale oder andere Zuschüsse zur Finanzierung erhält die Männer-Wohn-Hilfe nicht.[395]

c   Vergleich und bestehende Schwierigkeiten der Angebote

Bei einem Vergleich der obigen Angebote fallen folgende fünf Punkte besonders auf:

1. Kaum Angebote unterstützen ausschließlich männliche Opfer häuslicher Gewalt. So werden in der Beratungsstelle und der Übergangswohnung der Männer-Wohn-Hilfe alle Männer, bei denen eine Beziehungsproblematik vorliegt, aufgenommen, Vorfälle häuslicher Gewalt sind dabei nicht erforderlich, Täter werden aber ausgeschlossen. Das Gewaltschutzhaus Ketzin beherbergt Männer, die durch das Gewaltschutzgesetz ohne Wohnung sind. Dies können sowohl Täter häuslicher Gewalt als auch fälschlicherweise der Wohnung verwiesene Opfer sein. Auch das Männerhaus Harz nimmt männliche Täter wie Opfer bei Fällen häuslicher Gewalt auf. Bei der Beratungsstelle Libelle werden neben Männern auch Frauen und Jugendliche, die von häuslicher Gewalt betroffen oder bedroht sind, beraten und die Opferhilfe bietet jedem, der Opfer einer Straftat geworden ist, Hilfe an. Lediglich die Projekte des Männerbüros Hannover und der Sozialberatung Stuttgart stellen ebenso wie das Männerhaus Berlin reine Angebote für männliche Opfer häuslicher Gewalt dar.

2. Nur wenige der Angebote werden zudem professionell und hauptberuflich zugleich betrieben. Sowohl die Angebote der Männer-Wohn-Hilfe als auch das Männerhaus Berlin werden ehrenamtlich von engagierten Sozialpädagogen bereitgestellt, wobei das Männerhaus Berlin nach Rosenthal eher eine Art Notwohnung darstellt, die innerhalb einer Beratungsstelle betrieben wird.[396] Bei dem Gewaltschutzhaus ist die Fachlichkeit gänzlich zu bezweifeln, da dieses aus einer reinen Selbstbetroffenheit heraus betrieben wird und mithin richtigerweise auch als Notasyl zu sehen ist. Nur die Unterstützung durch das Männerhaus Harz und die Beratungsstellen des Männer-büros Hannover, der Opferhilfe Berlin und der Sozialberatung Stuttgart werden von hauptamtlichen Mitarbeitern auf professioneller Basis betrieben.

3. Auf Nachfrage der Autorin berichten vier der neun Einrichtungen von Finanzierungs-schwierigkeiten, wobei zwei sich nicht zum Thema äußerten. Auf eine gesicherte Finanzierung können derzeit nur das Männerbüro Hannover, die Opferhilfe Berlin und

---

[394] MÄNNER-WOHN-HILFE e. V. o.A.d, Online.
[395] Vgl. EBD.
[396] Vgl. ROSENTHAL 2015; Information aus einem persönlichen Gespräch vom 23.03.2015 in Stuttgart.

die Sozialberatung (zumindest bis Mai 2015) zurückgreifen. Die Angebote des Gewalt-schutzhauses Ketzin, des Männerhauses Berlin und der Männer-Wohn-Hilfe sind der-zeit aufgrund fehlender finanzieller Unterstützung in ihrem Bestand gefährdet.

4. Während das Männerbüro Hannover auch pro-aktiv Kontakt zu männlichen Opfern aufnimmt, müssen sich Betroffene bei allen anderen Hilfeeinrichtungen selbst melden.

5. Die Aufnahme von männlichen Opfern und Tätern im Gewaltschutzhaus Ketzin sowie im Männerhaus Harz kann männliche Opfer daran hindern, das jeweilige Angebot in An-spruch zu nehmen. Auch die Ansiedlung des Projekts der Sozialberatung Stuttgart inner-halb der Fachberatungsstelle Gewaltprävention, die ihren Schwerpunkt unter anderem auf die Arbeit mit Tätern in Fällen häuslicher Gewalt legt, trägt nur bedingt dazu bei, die Hemmschwelle der männlichen Opfer bezüglich einer Kontaktaufnahme zu senken.

d Anmerkung zu den Hilfe- und Beratungsangeboten

Wie soeben dargestellt, sind viele der wenigen aktuellen Hilfe- und Beratungsangebote für männliche Opfer häuslicher Gewalt nicht ausschließlich für diese Zielgruppe installiert. Oft werden noch andere Personengruppen oder Problemlagen mitberaten, so dass teilweise männerspezifische Konzepte für männliche Opfer von häuslicher Gewalt fehlen. Darüber hinaus ist eine hohe Quote von ehrenamtlichem Engagement in diesem Bereich zu ver-zeichnen. Der Arbeit stehen dabei aber häufig Schwierigkeiten bei der Finanzierung im Weg, welche die Existenz einiger Angebote bedrohen.

3 Hilfe- und Beratungsangebote für Täterinnen und schwule Täter

Da Gewalt in einer Partnerschaft wie dargestellt nicht nur Opfer, sondern auch Täter pro-duziert und eine Durchbrechung des Gewaltkreislaufes Verhaltensänderungen auf beiden Seiten erfordert, sollten nun die Hilfe- und Beratungsmöglichkeiten aufgezeigt werden, die Täterinnen aber auch schwule Täter aufsuchen können. Bei der Recherche stieß die Autorin aber lediglich auf nicht passgenaue Täterprogramme. Diese sind entweder für gewalttätige Mädchen und Frauen im außerhäuslichen Kontext sowie für Frauen, die ihre Kinder sexuell missbrauchen, oder aber für männliche Täter im häuslichen Kontext ohne eine besondere Berücksichtigung homosexueller Dynamiken, konzipiert.[397] Auch Walter et al. stellten im Rahmen der Pilotstudie „Gewalt gegen Männer" fest, dass „schlagende Frauen, welche ihre Gewalttätigkeit beenden wollen, [...] Schwierigkeiten [haben], dabei Unterstützung zu finden. Konzepte für die Arbeit mit Täterinnen häuslicher Gewalt und für Trainingskurse für gewalttätige Frauen sind selbst Professionellen, die zu häuslicher

---

[397] Vgl. SOZIALBERATUNG STUTTGART e. V. 2008-2015, Online; BUNDESVEREIN ZUR PRÄVENTION VON SEXUELLEM MIẞBRAUCH AN MÄDCHEN UND JUNGEN e. V. 2004.

Beziehungsgewalt arbeiteten [sic!], weitgehend unbekannt."[398] Bisher können sich gewaltausübende Frauen hauptsächlich über eine Hotline Hilfe suchen, die unter anderem auch für Frauen, die gegen ihren Partner gewalttätig geworden sind und ihr Verhalten verändern wollen, telefonische Beratung anbietet.[399]

4 Resümee zu den Hilfe- und Beratungsangeboten der Sozialen Arbeit

Wie bereits erwähnt existieren in Deutschland 435 Frauenhäuser/-wohnungen und eine Vielzahl an Beratungsstellen, an die sich weibliche Opfer häuslicher Gewalt wenden können. Demgegenüber stehen nach intensiver Recherche, ohne Anspruch auf Vollständigkeit, bundesweit – Männerhäuser/-wohnungen und Beratungsstellen zusammengenommen – nur neun Angebote für von häuslicher Gewalt betroffene Männer zur Verfügung, von denen wiederum nur zwei professionelle und hauptamtlich betriebene und ausschließlich für männliche Opfer im häuslichen Kontext entwickelte Konzepte haben.[400] Ein im Jahr 2012 durch das Bundesamt für Familie und zivilgesellschaftliche Aufgaben eingeführtes, kosten-los rund um die Uhr erreichbares Hilfetelefon, das auch Betroffene von häuslicher Gewalt nutzen können, richtet sich ausschließlich an Frauen.[401] Darüber hinaus ist eine qualifizierte Arbeit mit Täterinnen und schwulen Tätern zum Schutz männlicher Opfer mangels installierter oder passgenauer Angebote derzeit nicht gewährleistet.

V Mängel im Hilfesystem und Handlungsempfehlungen

Nach der Darstellung des derzeitigen Hilfesystems für männliche Opfer häuslicher Gewalt wird nun noch einmal zusammenfassend auf die bestehenden Mängel eingegangen und aufgezeigt, welche Schritte für eine bedarfsgerechte Ausgestaltung in die Wege geleitet werden müssen.

1 Mängel im Hilfesystem für männliche Opfer häuslicher Gewalt

Zunächst bringen männliche Opfer von häuslicher Gewalt einige Spezifika und damit beson-dere Anforderungen an ein, auf ihre Bedürfnisse eingestelltes, Hilfesystem mit. Aufgrund ihrer männlichen Sozialisation sowie den gesellschaftlich vorherrschenden Rollenbildern und -erwartungen an einen Mann, werden partnerschaftlich gegen sie verübte Gewalt-handlungen zu einem Dilemma – bestehend aus Angst vor dem Partner, den gesellschaft-lichen Reaktionen bei einem „Outing" und der nur sehr eingeschränkten Möglichkeit, sich

---

[398] WALTER ET AL. 2004, S. 224 f.
[399] Vgl. FORUM INTERVENTION 2015, Online.
[400] Dies sind die vorgestellten Projekte des Männerbüros Hannover e. V. und der Sozialberatung Stuttgart e. V.
[401] Vgl. BUNDESAMT FÜR FAMILIE UND ZIVILGESELLSCHAFTLICHE AUFGABEN o.A., Online.

professionelle Hilfe zu suchen. Derzeit existieren zu wenige Beratungsangebote und ge-schützte Wohnräume für gewaltbetroffene Männer. Für von häuslicher Gewalt betroffene Männer sind dies in Deutschland insgesamt neun, wovon nur zwei tatsächlich professionell und hauptamtlich betrieben werden. Bei der Ausgestaltung dieser Angebote besteht teil-weise noch ein hoher Klärungs- und Forschungsbedarf. „Es reicht sicher nicht, die von und für Frauen entwickelten Formen jetzt für Männer anzubieten, da sie weder methodisch ihren speziellen Bedürfnissen entsprechen können, noch klar ist, ob sie – in ähnlicher Form für Männer angeboten – Männer überhaupt erreichen können. [...] [Männer und Frauen haben] unterschiedliche Bewältigungs- und Hilfesuchstrategien, verschiedene Vorlieben, was das Geschlecht der Ansprechperson angeht."[402] An diesem Punkt werden auch noch einmal die Versäumnisse in der Forschung deutlich. So setzt sich der aktuelle Forschungsstand fast ausschließlich aus explorativen Untersuchungen zusammen, die zwar versuchen, das Aus-maß an Gewalterfahrung von Männern auch im häuslichen Bereich zu eruieren, dabei aber spezifische Erscheinungsformen, Ursachen und Folgen außer Acht lassen. Diesem Ansatz folgt auch die derzeitige Politik, die nur langsam Kenntnis von männlichen Opfern häus-licher Gewalt nimmt. Bis auf die vom Bundesministerium für Familie, Senioren, Frauen und Jugend in Auftrag gegebene Pilotstudie „Gewalt gegen Männer" im Jahr 2004, sind „alle Initiativen zum Schutz und zur Hilfe für Opfer häuslicher Gewalt [...] für Frauen gedacht, gemacht und finanziert, während umgekehrt alles, was für Repression und Prävention getan wird, nur Männer im Blick hat. So ist die ganze institutionelle und personelle Infra-struktur der Gewaltschutzpolitik (einschließlich der Begleitforschung) rein geschlechts-spezifisch angelegt. Hinter diesem strukturellen Defizit verbirgt sich jedoch nicht nur ein gravierendes Gerechtigkeitsproblem, sondern auch ein Effektivitätsproblem. Denn an den problematischen Verhaltensmustern von Frauen und Männern lässt sich in den meisten Fällen nachhaltig nur dann etwas verändern, wenn eine konfliktreiche Beziehung ‚systemisch' bearbeitet wird."[403] Zuletzt führt auch noch der beschriebene sogenannte „second code" bei gesetzlichen Schutzmöglichkeiten dazu, dass männliche Opfer häusli-cher Gewalt im Vergleich mit weiblichen Opfern vor dem „Auge des Gesetzes" nicht immer gleichberechtigt behandelt werden. Das Ergebnis dieser Liste an Mängeln ist, dass männli-chen Opfern „die Wege zu einer angemessenen Unterstützung bei der Verarbeitung ihrer Gewalterfahrung häufig verbaut [sind]: durch die eigenen Schwierigkeiten, sich Hilfe zu suchen, durch fehlende [oder nicht passgenaue] Hilfsangebote und durch Vorurteile bzw. Unsicherheiten der Professionellen."[404]

---

[402] PUCHERT ET AL. 2007b, S. 285 f.
[403] BOCK 2003, S. 29.
[404] BOEHME 2000, S. 181.

2 Handlungsempfehlungen für eine bedarfsgerechte Ausgestaltung

Wie das Hilfesystem bedarfsgerecht ausgestaltet werden kann, wird nun herausgearbeitet:[405]

Wichtig ist vor allem, ein öffentliches Bewusstsein für das Vorhandensein von häuslicher Gewalt gegen Männer zu schaffen und über die spezifischen Problematiken, die das männliche Opfersein mit sich bringt, aufzuklären, um so letztlich auch die Hemmschwelle der betroffenen Männer bei der Hilfesuche zu senken. Gefordert ist hier jeder Mitbürger, insbesondere aber die Forschung, die Politik, die Justiz und die Soziale Arbeit. Dazu bedarf es vermehrter und vor allem auch repräsentativer Forschung, die sich explizit den männlichen Opfern von häuslicher Gewalt und deren Besonderheiten widmet. Darüber hinaus ist die Thematik auf die politische Agenda zu setzen, um sie z. B. mit Hilfe von Aufklärungskampagnen, Aktionsplänen, Initiativen, Tagungen, der finanziellen Förderung von Interventions- und Forschungsprojekten oder einer Erweiterung des bisher nur für betroffene Frauen nutzbaren Hilfetelefons zu enttabuisieren. Zu denken wäre auch an eine entsprechende Anpassung des namentlich nur für Familie, Senioren, Frauen und Jugend zuständigen Bundesministeriums. Ebenso sind im Bereich der Justiz Maßnahmen wie in Form von Schulungen erforderlich, die das Bewusstsein für die oft männlich konnotierten Rechtsbegriffe schärfen und darauf aufmerksam machen, dass Opfer auch männlich und Täter auch weiblich sein können. Im Sinne des Auftrags und Selbstverständnisses der Sozialen Arbeit, soll diese zur „Befähigung und Unterstützung schwächerer und benachteiligter Personen und Gruppen dienen und zur Vermeidung und Bewältigung sozialer Probleme beitragen"[406]. Deshalb muss es gerade in diesem tabuisierten Bereich Aufgabe der Sozialen Arbeit sein, betroffenen Männern ein kompetentes, bedarfsgerechtes Hilfe- und Beratungsangebot zur Verfügung zu stellen und dieses anhand der Spezifika bei der Beratung von Männern – und insbesondere männlichen Opfern – so auszugestalten, dass die Hemmschwelle der Männer, sich Hilfe zu suchen, auf ein Minimum reduziert wird. Damit dies bestmöglich gelingt, ist eine stete Evaluierung des bestehenden Angebots bezüglich des Bedarfs und Nutzens, eine besondere Qualifizierung der Sozialarbeiter durch Aus-, Fort- und Weiterbildungen, spezielle Schulungen und regelmäßig stattfindende Supervisionen sowie der Aufbau eines professionellen Kooperations- wie Koordinationsnetzes erforderlich. Dies gilt auch für den Aufbau von Angeboten für Täterinnen und schwule Täter häuslicher Gewalt. Letztendlich würden all diese Maßnahmen dazu beitragen, dass männliche Opfer häuslicher Gewalt mit ihrem Problem gesellschaftlich wahr- und ernst genommen werden, dass sie rechtlich den betroffenen Frauen gleichgestellt werden, dass sie häufiger die Bewältigungsstrategie des Hilfesuchens für sich wählen und in ausreichend vorhandenen, auf ihre Bedürfnisse eingestellten Beratungsstellen und Schutzräumen professionelle Unterstützung finden.

---

[405] Vgl. EGGER/ SCHÄR MOSER 2008, S. IV f., 92 ff.; JUNGNITZ ET AL. 2006, S. 14.
[406] MÜHLUM 2011, S. 773.

D Fazit und Ausblick

Im Rahmen dieser Untersuchung setzte sich die Autorin mit dem Thema „Der ‚geschlagene Mann' – männliche Opfer im Kontext häuslicher Gewalt" auseinander. Angelehnt ist diese Formulierung an die Redewendung „[mit jemandem, etwas] geschlagen sein"[407]. Danach gilt jemand als „geschlagen", wenn ihn etwas hart trifft, heimsucht oder in unheilvoller Weise überkommt,[408] und als „geschlagener Mann" wird „ein [vom Schicksal] geschlagener (ein gebrochener, ruinierter) Mann"[409] bezeichnet. Inwiefern dies mit männlichen Opfern im Kontext häuslicher Gewalt korrespondiert, wurde an vielen Stellen des vorliegenden Buches offensichtlich. Männer, die Opfer von Gewalthandlungen durch ihre Partnerin (oder in homosexuellen Beziehungen durch ihren Partner) sind, sind in der Regel „doppelt geschlagen": wortwörtlich, weil ihnen körperliche und/oder psychische Gewalt angetan wird, sowie im übertragenen Sinn, weil das Opfersein für sie mit einem persönlichen wie gesellschaftlichen „Gesichtsverlust" einhergeht und ein auf ihre Bedürfnisse abgestimmtes Hilfesystem fehlt.

Bezugnehmend auf das zu Beginn geäußerte Forschungsinteresse kann deshalb Folgendes festgehalten werden:

1. *Häusliche Gewalt gegen Männer ist ähnlich weit verbreitet wie die gegen Frauen. Beide Geschlechter wenden gegenüber ihren Intimpartnern vergleichbar häufig körperliche wie psychische Gewalt an.*

2. *Die Besonderheiten bei männlichen Opfern häuslicher Gewalt sind unter anderem, dass die betroffenen Männer sich aufgrund ihrer männlichen Sozialisation und den gesellschaftlich vorherrschenden Rollenbildern und -erwartungen in einem Dilemma befinden und deshalb erstens in anderer Art und Weise als Frauen von Gewalthandlungen betroffen sind, zweitens ein anderes Bewältigungs- wie Hilfesuchverhalten als weibliche Opfer zeigen und sie drittens auch an eine Beratung andere Ansprüche stellen als ihre Leidensgenossinnen.*

3. *Das Hilfesystem für Betroffene gewährleistet in Deutschland derzeit insbesondere durch die Schutzanordnungen des Gewaltschutzgesetzes rechtlichen Schutz. Politische Interventionen bei häuslicher Gewalt gegen Männer sind hingegen kaum zu verzeichnen. Insgesamt bieten fünf Beratungsstellen und vier Männerhäuser bzw. -wohnungen sozialpädagogische Unterstützung an, wobei nur zwei der Angebote auf professioneller wie hauptamtlicher Sozialarbeit beruhen. Bei drei Angeboten engagieren sich ausgebildete Fachleute auf ehrenamtlicher Basis.*

---

[407] DUDENVERLAG o.A., Online.
[408] Vgl. EBD.
[409] EBD.

Die Ergebnisse der vorliegenden Untersuchung zeigen also, dass es eine erschreckend hohe Anzahl von männlichen Opfern häuslicher Gewalt gibt, die spezifische Problematiken mitbringen und auf die die bisherige Hilfelandschaft in Deutschland nicht eingestellt ist. Gründe hierfür sind insbesondere gesamtgesellschaftliche Stereotypen und die Tabuisierung des Themas. Diesen muss nach der Meinung der Autorin unbedingt ein realistisches Bild entgegengesetzt werden. Denn zu einer wirklichen Gleichstellung der Geschlechter wie zur Emanzipation von Frau und Mann darf nicht an Stereotypen festgehalten werden: Frauen sind nicht immer Opfer und Männer nicht immer Täter. Vielmehr gibt es auch eine vergleichbar große Anzahl an Frauen, die gegenüber ihrem Partner Gewalt ausüben und an Männern, die Opfer solcher Gewalthandlungen sind. Bei einer derartigen Thematisierung geht es nicht darum, die Opfer beider Geschlechter gegeneinander aufzurechnen, sondern vielmehr soll auf diese Weise eine fruchtbare Auseinandersetzung mit den Problemen der Opfer ermöglicht werden. Dabei besteht im Bereich häuslicher Gewalt gegen Männer noch erheblicher Nachholbedarf. Neben der Erweiterung des Wissens über betroffene Männer muss ein öffentliches Bewusstsein und ein kompetentes Hilfesystem für diese Opfer geschaffen werden. Männer wie Herr Abt[410] könnten dann auf eine Unterstützung von Fachleuten zählen, die ihnen bei der Bewältigung ihrer innerfamiliären Probleme helfen. In diesem Sinne bleibt zu hoffen, dass die derzeit etablierten Angebote erhalten bzw. weiter ausgebaut und neue bedarfsgerechte Angebote installiert werden. Hierbei wäre eine wissenschaftliche Begleitung zum weiteren Erkenntnisgewinn sowie zur Evaluation von Bedarfen und Angeboten wünschenswert. Im tabuisierten Bereich der männlichen Opfer von häuslicher Gewalt sollte mit Hilfe von Politik und Sozialer Arbeit ein – ähnlich wie bei weiblichen Opfern – umfangreiches sowie spezialisiertes Hilfesystem geschaffen werden, damit Herr Abt nicht erst „an Frau Merkel nach Berlin schreiben [...] [muss,] um auf [s]eine prekäre Situation aufmerksam zu machen."[411] Schließlich ist die Gefahr, im häuslichen Kontext Opfer von Gewalthandlungen zu werden für Männer wie Frauen hoch und hat geschlechtsunabhängig gravierende Folgen. Da gerade in einer Partnerschaft Vertrauen, Fürsorge und Liebe erwartet und benötigt werden, prägen hier stattfindende Demütigungen, Verletzungen und Misshandlungen die Betroffenen in einer schädigenden Art und Weise. Sie zerstören Vertrauen, Akzeptanz und Respekt und somit die bedeutendsten Grundbedingungen einer gelingenden Partnerschaft.[412] Bei der Verarbeitung dieser negativen Erfahrungen hat jeder Mensch, egal ob weiblich oder männlich, ein Anrecht auf Unterstützung.

---

[410] Klient der Sozialberatung Stuttgart e. V., dessen Problematik auszugsweise unter „Anstelle eines Vorwortes" geschildert wurde.
[411] Anonymisierter Auszug aus einem Brief von Herrn ABT an die Sozialberatung Stuttgart e. V. vom 18.02.2015.
[412] Vgl. SCHWEIKERT 2011b, S. 404.

Literaturverzeichnis

BANGE, Dirk (2007): Vorwort. In: GAHLEITNER, Silke Birgitta/ LENZ, Hans-Joachim (Hrsg.): Gewalt und Geschlechterverhältnis. Interdisziplinäre und geschlechtersensible Analysen und Perspektiven. Weinheim, München: Juventa. S. 5-7.

BANZHAF, Günter/ BURGHARDT, Stephan/ LEUBE, Frieder (2006): Sind es immer nur die Männer? Wider das Klischee von Männern als Täter und Frauen als Opfer. Ein Diskussionsbeitrag des Ev. Männerwerkes in Württemberg zur Häuslichen Gewalt. Hrsg. vom Evangelischen Männerwerk in Württemberg. Stuttgart.

BAURMANN, Michael C./ SCHÄDLER, Wolfram (1991): Das Opfer nach der Straftat - seine Erwartungen und Perspektiven. Eine Befragung von Betroffenen zu Opferschutz und Opferunterstützung sowie ein Bericht über vergleichbare Untersuchungen. (BKA-Forschungsreihe). Band 22. Hrsg. von Bundeskriminalamt. Wiesbaden.

BEIER, Stefan/ JUNGNITZ, Ludger/ WALTER, Willi (2001): Kann man Männer beraten? Bedingungen männerspezifisch niederschwelliger psychosozialer Beratung. In: BAUSTEINEMÄNNER (Hrsg.): Kritische Männerforschung. Neue Ansätze in der Geschlechtertheorie. 3. Auflage. Hamburg: Argument Verlag. S. 249-282.

BOATCĂ, Manuela/ LAMNEK, Siegfried (2003): Gegenwartsdiagnosen zu Gewalt im Geschlechterverhältnis. In: LAMNEK, Siegfried/ BOATCĂ, Manuela (Hrsg.): Geschlecht – Gewalt – Gesellschaft. Otto-von-Freising-Tagungen der Katholischen Universität Eichstätt, Band 4. Opladen: Leske + Budrich. S. 13-36.

BOCK, Michael (o.A.): Männer als Opfer der Gewalt von Frauen. In: BUNDESMINISTERIUM FÜR SOZIALE SICHERHEIT, GENERATIONEN UND KONSUMENTENSCHUTZ. MÄNNERPOLITISCHE GRUNDSATZABTEILUNG (Hrsg.): Psychosoziale und ethische Aspekte der Männergesundheit. Wien. S. 103-110.

BOCK, Michael (2002): Gewalt gegen Männer - ein vernachlässigtes Problem! In: STICHER-GIL, Brigitta (Hrsg.): "Gewalt gegen Männer im häuslichen Bereich - ein vernachlässigtes Problem !?". Dokumentation der Tagung vom 18.11.2002. Fachhochschule für Verwaltung und Rechtspflege (FHVR), Fachbereich 3 - Polizeivollzugsdienst und Landespolizeischule Berlin. Berlin. S. 26-41.

BOCK, Michael (2003): Häusliche Gewalt - ein Problemaufriss aus kriminologischer Sicht. Selektive Wahrnehmung führt zum Mythos männlicher Gewalt. In: Der Bürger im Staat. Sicherheit und Kriminalität. 53. Jahrgang. Heft 1. S. 25-31. Online verfügbar unter http://www.buergerimstaat.de/1_03/Kriminalitaet.pdf. Zuletzt geprüft am 19.03.2015.

BOEHME, Ulfert (2000): Die Suche nach Hilfe. Zugänge zu geschlechtsspezifischen Hilfeangeboten für männliche Opfer sexueller Gewalt. In: LENZ, Hans-Joachim (Hrsg.): Männliche Opfererfahrungen. Problemlagen und Hilfeansätze in der Männerforschung. Weinheim, München: Juventa. S. 167-184.

BÖHM, Hans (2015): Auch Männer Opfer häuslicher Gewalt. Neues Angebot der Sozialberatung schließt Lücke – Pilotprojekt der Stadt dauert noch bis Ende des Jahres. In: Stuttgarter Amtsblatt 10, 19.03.2015 (Nummer 12).

BÖHNISCH, Lothar/ FUNK, Heide (2002): Soziale Arbeit und Geschlecht. Theoretische und praktische Orientierungen. Geschlechterforschung. Weinheim, München: Juventa.

BÖHNISCH, Lothar/ WINTER, Reinhard (1994): Männliche Sozialisation. Bewältigungsprobleme männlicher Geschlechtsidentität im Lebenslauf. 2., korrigierte Auflage. Weinheim, München: Juventa.

BRANDES, Holger/ BULLINGER, Hermann (1996a): Männerorientierte Beratung und Therapie. In: BRANDES, Holger/ BULLINGER, Hermann (Hrsg.): Handbuch Männerarbeit. Weinheim: Beltz, Psychologie Verlags Union. S. 3-17.

BRANDES, Holger/ BULLINGER, Hermann (1996b): Männlichkeit im Umbruch. Soziologische Aspekte der Veränderung männlicher Lebenswelt. In: BRANDES, Holger/ BULLINGER, Hermann (Hrsg.): Handbuch Männerarbeit. Weinheim: Beltz, Psychologie Verlags Union. S. 36-58.

BRANDES, Holger/ FRANKE, Christa/ RASPER, Beate (1996): Aspekte der Übertragung und Gegenübertragung in der Psychotherapie von Männern. In: BRANDES, Holger/ BULLINGER, Hermann (Hrsg.): Handbuch Männerarbeit. Weinheim: Beltz, Psychologie Verlags Union. S. 103-119.

BRZOSKA, Georg (1996): Männerpolitik und Männerbewegung. In: BRANDES, Holger/ BULLINGER, Hermann (Hrsg.): Handbuch Männerarbeit. Weinheim: Beltz, Psychologie Verlags Union. S. 74-90.

BUNDESAMT FÜR FAMILIE UND ZIVILGESELLSCHAFTLICHE AUFGABEN (Hrsg.) (o.A.): Das Hilfetelefon Gewalt gegen Frauen. Online verfügbar unter https://www.hilfetelefon.de/ aktuelles.html. Zuletzt geprüft am 26.03.2015.

BUNDESTAG (01.07.1997): Dreiunddreißigstes Strafrechtsänderungsgesetz - §§ 177 bis 179 StGB. 33. StRÄndG. In: Bundesgesetzblatt 1997 (Nr. 45). S. 1607-1608. Online verfügbar unter http://www.bgbl.de/banzxaver/bgbl/text.xav?SID=&tf=xaver.component. Text_0&tocf=&qmf=&hlf=xaver.component.Hitlist_0&bk=bgbl&start=%2F%2F*%5B%40no de_id%3D%27264473%27%5D&skin=pdf&tlevel=-2&nohist=1. Zuletzt geprüft am 19.03.2015.

BUNDESVEREIN ZUR PRÄVENTION VON SEXUELLEM MIßBRAUCH AN MÄDCHEN UND JUNGEN e. V., (Hrsg.) (2004): Themenschwerpunkt: Mädchen und Frauen als Täterinnen. In: Prävention. Zeitschrift des Bundesvereins zur Prävention von sexuellem Mißbrauch. 7. Jahrgang. Heft 2. S. 1-48. Online verfügbar unter http://www.dgfpi.de/tl_files/ bundesverein/praevention/2004_02.pdf. Zuletzt geprüft am 26.03.2015.

CIPSER, Matthäus (2014): Polizeigesetze der Bundesländer. Paragraphen und Gesetzesabkürzungen. Hrsg. von Gewerkschaft der Polizei NRW. Düsseldorf. Online verfügbar unter http://www.gdp.de/gdp/gdpnrw.nsf/id/953562AE7EFE0D9BC1257CDE 00452C56/$file/Polizeigesetze_Laender.pdf?open. Zuletzt geprüft am 26.03.2015.

COERSCHULTE, Tatjana (2013): „Bei Frauen wird sie eher entschuldigt". Interview: Psychologe Günter Reich über den Umgang mit Täterinnen und Gewalt in der Partnerschaft. In: Hessisch-Niedersächsische-Allgemeine, 08.07.2013.

DER POLIZEIPRÄSIDENT IN BERLIN (Hrsg.) (o.A.): Polizeiliche Kriminalstatistik Berlin 2013. Berlin.

DEUTSCHES JUGENDINSTITUT e. V./ STATISTISCHES BUNDESAMT (2005a): Gender-Datenreport. 1. Datenreport zur Gleichstellung von Frauen und Männern in der Bundesrepublik Deutschland. Gewalthandlungen und Gewaltbetroffenheit von Frauen und Männern. Hrsg. von der Internetredaktion des Bundesministeriums für Familie, Senioren, Frauen und Jugend. München. Online verfügbar unter http://www.bmfsfj.de/ doku/ Publikationen/genderreport/01-Redaktion/PDF-Anlagen/kapitel-zehn%2cproperty% 3dpdf%2cbereich%3dgenderreport%2csprache%3dde%2crwb%3dtrue.pdf. Zuletzt geprüft am 20.03.2015.

DEUTSCHES JUGENDINSTITUT e. V./ STATISTISCHES BUNDESAMT (2005b): Gender-Datenreport. 1. Datenreport zur Gleichstellung von Frauen und Männern in der Bundesrepublik Deutschland. Einleitung. Hrsg. von der Internetredaktion des Bundesministeriums für Familie, Senioren, Frauen und Jugend. München. Online verfügbar unter http://www.bmfsfj.de/doku/Publikationen/genderreport/01- Redaktion/PDF-nlagen/einleitung%2cproperty%3dpdf%2cbereich%3dgenderreport% 2csprache%3dde%2crwb%3dtrue.pdf. Zuletzt geprüft am 24.03.2015.

DOBASH, Russell P./ DOBASH, R. Emerson (2002): Gewalt in heterosexuellen Partnerschaften. In: HEITMEYER, Wilhelm/ HAGAN, John (Hrsg.): Internationales Handbuch der Gewaltforschung. 1. Auflage. Wiesbaden: Westdeutscher Verlag. S. 921-941.

DUDENVERLAG (o.A.): schlagen. Hrsg. von Bibliographisches Institut GmbH. Online verfügbar unter http://www.duden.de/rechtschreibung/schlagen. Zuletzt geprüft am 30.03.2015.

EGGER, Theres/ SCHÄR MOSER, Marianne (2008): Gewalt in Paarbeziehungen. Ursachen und in der Schweiz getroffene Massnahmen. Hrsg. vom Eidgenössischen Büro für die Gleichstellung von Frau und Mann. Bern.

FINKE, Bastian (2000): Schwule als Opfer von „häuslicher Gewalt". In: LENZ, Hans-Joachim (Hrsg.): Männliche Opfererfahrungen. Problemlagen und Hilfeansätze in der Männerforschung. Weinheim, München: Juventa. S. 135-148.

FORUM INTERVENTION, Gewaltholtline (Hrsg.) (2015): An wen richtet sich unser Angebot? Online verfügbar unter http://gewalthotline.de/unsere-ziele/an-wen. Zuletzt geprüft am 26.03.2015.

FRANKE, B./ SEIFERT, D./ ANDERS, S./ SCHRÖER, J./ HEINEMANN, A. (2004): Gewaltforschung zum Thema "häusliche Gewalt" aus kriminologischer Sicht. In: Rechtsmedizin. 14. Jahrgang. Heft 3. S. 193-198.

GEMÜNDEN, Jürgen (1996): Gewalt gegen Männer in heterosexuellen Intimpartnerschaften. Ein Vergleich mit dem Thema Gewalt gegen Frauen auf der Basis einer kritischen Auswertung empirischer Untersuchungen. Marburg: Tectum.

GEMÜNDEN, Jürgen (2003): Gewalt in Partnerschaften im Hell- und Dunkelfeld. Zur empirischen Relevanz der Gewalt gegen Männer. In: LAMNEK, Siegfried/ BOATCĂ, Manuela (Hrsg.): Geschlecht – Gewalt – Gesellschaft. Otto-von-Freising-Tagungen der Katholischen Universität Eichstätt, Band 4. Opladen: Leske + Budrich. S. 333-353.

GEWALTSCHUTZHAUS KETZIN (Hrsg.) (o.A.): Gewaltschutzhaus Ketzin. Online verfügbar unter http://www.gewaltschutzhaus.de/gewaltschutzhaus-ketzin/. Zuletzt geprüft am 28.03.2015.

GLOOR, Daniela/ MEIER, Hanna (2003): Gewaltbetroffene Männer – wissenschaftliche und gesellschaftlich-politische Einblicke in eine Debatte. Sonderdruck. In: Fampra. Die Praxis des Familienrechts. Jahrgang. Heft 3. S. 526-547. Online verfügbar unter http://www.vaeter-aktuell.de/studien/Gewaltbetroffene-Maenner_Artikel_GloorMeier.pdf. Zuletzt geprüft am 19.03.2015.

GOODE, William J. (1971): Force an Violence in the Family. In: Journal of Marriage and the Family. 33. Jahrgang. Heft 4. S. 624-636.

HAGEMANN-WHITE, Carol (2002): Gender-Perspektiven auf Gewalt in vergleichender Sicht. In: HEITMEYER, Wilhelm/ HAGAN, John (Hrsg.): Internationales Handbuch der Gewaltforschung. 1. Auflage. Wiesbaden: Westdeutscher Verlag. S. 124-152.

HAHN, Thomas (2000): Opfererfahrungen von Klienten in der Beratung von Männern. Ergebnisse der Studie über Männerberatung als sozialpädagogisches Arbeitsfeld in der BRD. In: LENZ, Hans-Joachim (Hrsg.): Männliche Opfererfahrungen. Problemlagen und Hilfeansätze in der Männerforschung. Weinheim, München: Juventa. S. 198-212.

HEITMEYER, Wilhelm/ HAGAN, John (2002): Gewalt. Zu den Schwierigkeiten einer systematischen internationalen Bestandsaufnahme. In: HEITMEYER, Wilhelm/ HAGAN, John (Hrsg.): Internationales Handbuch der Gewaltforschung. 1. Auflage. Wiesbaden: Westdeutscher Verlag. S. 15-25.

HEYNE, Claudia (1993): Täterinnen. Offene und versteckte Aggression von Frauen. 1. Auflage. Zürich: Kreuz.

IMBUSCH, Peter (2002): Der Gewaltbegriff. In: HEITMEYER, Wilhelm/ HAGAN, John (Hrsg.): Internationales Handbuch der Gewaltforschung. 1. Auflage. Wiesbaden: Westdeutscher Verlag. S. 26-57.

INGENBERG, Barbara (2007): Männer als Opfer. Erfahrungen in der Opferberatungsstelle für gewaltbetroffene Jungen und Männer, Zürich. In: GAHLEITNER, Silke Birgitta/ LENZ, Hans-Joachim (Hrsg.): Gewalt und Geschlechterverhältnis. Interdisziplinäre und geschlechtersensible Analysen und Perspektiven. Weinheim, München: Juventa. S. 177-190.

JUNGNITZ, Ludger/ LENZ, Hans-Joachim/ PUCHERT, Ralf/ PUHE, Henry/ WALTER, Willi (2006): Gewalt gegen Männer. Personale Gewaltwiderfahrnisse von Männern in Deutschland. – Ergebnisse der Pilotstudie –. Hrsg. vom Forschungsverbund Gewalt gegen Männer. Online verfügbar unter http://www.bmfsfj.de/RedaktionBMFSFJ/ Broschuerenstelle/Pdf-Anlagen/M_C3_A4nnerstudie-Kurzfassung-Gewalt,property=pdf, bereich=bmfsfj,sprache=de,rwb=true.pdf. Zuletzt geprüft am 24.03.2015.

KAVEMANN, Barbara (2002): Gewalt gegen Männer - ein vernachlässigtes Problem? In: STICHER-GIL, Brigitta (Hrsg.): "Gewalt gegen Männer im häuslichen Bereich - ein vernachlässigtes Problem !?". Dokumentation der Tagung vom 18.11.2002. Fachhochschule für Verwaltung und Rechtspflege (FHVR), Fachbereich 3 - Polizeivollzugsdienst und Landespolizeischule Berlin. Berlin. S. 42-57.

KAVEMANN, Barbara (2009): Frauen als Täterinnen. Täterinnen – die Gewaltausübung von Frauen im privaten Raum im Kontext der feministischen Diskussion über Gewalt im Geschlechterverhältnis. In: Neue Kriminalpolitik. 21. Jahrgang. Heft 2. S. 46-50. Online verfügbar unter http://www.scm.nomos.de/fileadmin/nk/doc/Aufsatz_NK_09_02.pdf Zuletzt geprüft am 24.03.2015.

KESSLER, Ailine/ LORETAN, Janine/ SECK, Sarah (2007): Häusliche Gewalt … Männer- oder Frauensache? Saarbrücken: VDM.

KOORDINATIONSBÜRO FÜR TÄTERARBEIT RLP (Hrsg.) (o.A.): Contra häusliche Gewalt! Gewaltkreislauf. Online verfügbar unter http://www.contra-haeusliche-gewalt.de/ gewaltkreislauf/index.php. Zuletzt geprüft am 25.03.2015.

KRAHÉ, Barbara (2003): Aggression von Männern und Frauen in Partnerschaften: Unterschiede und Parallelen. In: LAMNEK, Siegfried/ BOATCÄ, Manuela (Hrsg.): Geschlecht – Gewalt – Gesellschaft. Otto-von-Freising-Tagungen der Katholischen Universität Eichstätt, Band 4. Opladen: Leske + Budrich. S. 369-383.

LAMNEK, Siegfried/ LUEDTKE, Jens (2005): Gewalt in der Partnerschaft: Wer ist Täter, wer ist Opfer? In: KURY, Helmut/ OBERGFELL-FUCHS, Joachim (Hrsg.): Gewalt in der Familie. Für und wider den Platzverweis. Freiburg im Breisgau: Lambertus. S. 37-70.

LAMNEK, Siegfried/ LUEDTKE, Jens/ OTTERMANN, Ralf/ VOGL, Susanne (2012): Tatort Familie. Häusliche Gewalt im gesellschaftlichen Kontext. 3., erweiterte und überarbeitete Auflage 2012. Wiesbaden: Springer.

LANDESHAUPTSTADT STUTTGART (Hrsg.) (2015): Männer als Opfer häuslicher Gewalt. Online verfügbar unter https://www.stuttgart.de/item/show/273273/1/9/562424?plist= homepage. Zuletzt geprüft am 22.03.2015.

LEIBBRAND, Dominique (2015): Wenn der Mann zum Opfer wird. Mal greifen sie zum Messer, mal drohen sie mit Kindesentzug: Häusliche Gewalt von Frauen gegen Männer ist immer noch ein Tabuthema. In Stuttgart will ein Pilotprojekt den Partnern helfen. In: Der Tagesspiegel, 12.03.2015. Online verfügbar unter http://www.tagesspiegel.de/ weltspiegel/haeusliche-gewalt-wenn-der-mann-zum-opfer-wird/11497100.html. Zuletzt geprüft am 28.03.2015.

LENZ, Hans-Joachim (1996): Spirale der Gewalt. Jungen und Männer als Opfer von Gewalt. Berlin: Morgenbuch.

LENZ, Hans-Joachim (2000a): „ … und wo bleibt die solidarische Kraft für die gedemütigten Geschlechtsgenossen?" Männer als Opfer von Gewalt – Hinführung zu einer (noch) verborgenen Problemstellung. In: LENZ, Hans-Joachim (Hrsg.): Männliche Opfererfahrungen. Problemlagen und Hilfeansätze in der Männerforschung. Weinheim, München: Juventa. S. 19-69.

LENZ, Hans-Joachim (2000b): Einleitung. In: LENZ, Hans-Joachim (Hrsg.): Männliche Opfererfahrungen. Problemlagen und Hilfeansätze in der Männerforschung. Weinheim, München: Juventa. S. 7-18.

LENZ, Hans-Joachim (2001): Mann versus Opfer? Kritische Männerforschung zwischen der Verstrickung in herrschende Verhältnisse und einer neuen Erkenntnisperspektive. In: BAUSTEINEMÄNNER (Hrsg.): Kritische Männerforschung. Neue Ansätze in der Geschlechtertheorie. 3. Auflage. Hamburg: Argument Verlag. S. 359-396.

LENZ, Hans-Joachim (2002): Mann oder Opfer? Kritische Männerforschung zwischen Verstrickung in herrschende Verhältnisse und einer neuen Erkenntnisperspektive. In: HEINRICH-BÖLL-STIFTUNG (Hrsg.): Mann oder Opfer? Dokumentation einer Fachtagung der Heinrich Böll Stiftung und des „Forum Männer in Theorie und Praxis der Geschlechterverhältnisse". Berlin. S. 24-60.

LENZ, Hans-Joachim (2007): Gewalt und Geschlechterverhältnis aus männlicher Sicht. In: GAHLEITNER, Silke Birgitta/ LENZ, Hans-Joachim (Hrsg.): Gewalt und Geschlechterverhältnis. Interdisziplinäre und geschlechtersensible Analysen und Perspektiven. Weinheim, München: Juventa. S. 21-52.

LENZ, Hans-Joachim/ JUNGNITZ, Ludger (o.A.): Männergesundheit und die verborgene Gewalt gegen Männer. In: BUNDESMINISTERIUM FÜR SOZIALE SICHERHEIT, GENERATIONEN UND KONSUMENTENSCHUTZ. MÄNNERPOLITISCHE GRUNDSATZABTEILUNG (Hrsg.): Psychosoziale und ethische Aspekte der Männergesundheit. Wien. S. 111-119.

LEUZE-MOHR, Marion (2005): Rechtliche Regelungen - Anzeigeverhalten der Opfer. Das rechtliche Maßnahmensystem bei häuslicher Gewalt und die Berücksichtigung des Anzeigeverhaltens der Opfer als wirksames Opferschutzsystem. In: KURY, Helmut/ OBERGFELL-FUCHS, Joachim (Hrsg.): Gewalt in der Familie. Für und wider den Platzverweis. Freiburg im Breisgau: Lambertus. S. 143-168.

LÖBMANN, Rebecca/ HERBERS, Karin (2005): Neue Wege gegen häusliche Gewalt. Pro-aktive Beratungsstellen in Niedersachsen und ihre Zusammenarbeit mit Polizei und Justiz. Interdisziplinäre Beiträge zur kriminologischen Forschung, Bd. 28. 1. Auflage. Baden-Baden: Nomos.

MÄNNERBÜRO HANNOVER e. V. (Hrsg.) (o.A.): Männliche Opfer Häuslicher Gewalt. Online verfügbar unter http://www.maennerbuero-hannover.de/arbeitsbereiche/ maennliche_ opfer_haeuslicher_gewalt/index_ger.html. Zuletzt geprüft am 25.03.2015.

MÄNNERBÜRO HANNOVER e. V. (Hrsg.) (2008-2014): Männliche Opfer Häuslicher Gewalt. Statistik [Jahr]. Bereich: LHH.

MÄNNERBÜRO HANNOVER e. V. (Hrsg.) (2014-2015): Männliche Opfer Häuslicher Gewalt. Statistik [Jahr]. Bereich: Region Hannover.

MÄNNERBÜRO HANNOVER e. V. (Hrsg.) (2014a): Männliche Opfer Häuslicher Gewalt. Statistik 2013. Bereich: LHH.

MÄNNERBÜRO HANNOVER e. V. (Hrsg.) (2014b): Männliche Opfer Häuslicher Gewalt. Statistik 2013. Bereich: Region Hannover.

MÄNNERBÜRO HANNOVER e. V. (Hrsg.) (2015): Projektbericht 2014. Beratung männlicher Opfer häuslicher Gewalt Region Hannover (ohne LHH). Hannover.

MÄNNERHAUS HARZ – GLEICH STARK e. V. (Hrsg.) (o.A.): Männerhaus Harz. Online verfügbar unter http://maennerhaus-harz.de/. Zuletzt geprüft am 25.03.2015.

MÄNNER-WOHN-HILFE e. V. (Hrsg.) (o.A.a): Beratung für Männer in Oldenburg. Online verfügbar unter http://www.maennersache-oldenburg.de/. Zuletzt geprüft am 25.03.2015.

MÄNNER-WOHN-HILFE e. V. (Hrsg.) (o.A.b): Das Konzept. Online verfügbar unter http://www.maennerwohnhilfe.de/das-konzept.html. Zuletzt geprüft am 28.03.2015.

MÄNNER-WOHN-HILFE e. V. (Hrsg.) (o.A.c): Einleitung. Online verfügbar unter http://www.maennerwohnhilfe.de/mediapool/132/1326692/data/Einleitung.pdf. Zuletzt geprüft am 21.03.2015.

MÄNNER-WOHN-HILFE e. V. (Hrsg.) (o.A.d): Ist (hat) der Verein Männer-Wohn-Hilfe e.V. ein Männerhaus? Online verfügbar unter http://www.maennerwohnhilfe.de/ maennerhaus.html. Zuletzt geprüft am 28.03.2015.

MANN-O-METER e. V. (Hrsg.) (o.A.): Unsere Angebote und Leistungen. Online verfügbar unter http://www.mann-o-meter.de/unsere-angebote-und-leistungen/. Zuletzt geprüft am 25.03.2015.

MÜHLUM, Albert (2011): Sozialarbeit/Sozialpädagogik. In: DEUTSCHER VEREIN FÜR ÖFFENTLICHE UND PRIVATE FÜRSORGE e.V. (Hrsg.): Fachlexikon der sozialen Arbeit. 7., völlig überarbeitete und aktualisierte Auflage. Baden-Baden: Nomos. S. 773-777.

MÜLLER, Joachim (2003): Kinder, Frauen, Männer – Gewaltschutz ohne Tabu. In: LAMNEK, Siegfried/ BOATCĂ, Manuela (Hrsg.): Geschlecht – Gewalt – Gesellschaft. Otto-von-Freising-Tagungen der Katholischen Universität Eichstätt, Band 4. Opladen: Leske + Budrich. S. 507-532.

MÜLLER, Ursula/ SCHRÖTTLE, Monika (2012): Gewalt gegen Frauen und Gewalt im Geschlechterverhältnis. In: ALBRECHT, Günter/ GROENEMEYER, Axel (Hrsg.): Handbuch soziale Probleme. Band 1. 2., überarbeitete Auflage. Wiesbaden: Springer VS. S. 668-691.

NATIONALES NETZWERK FRAUEN UND GESUNDHEIT (Hrsg.) (2015): Valide Aussagen zu Gewalt im Geschlechterverhältnis erfordern eine gendersensible Erfassung. Online verfügbar unter http://www.nationales-netzwerk-frauengesundheit.de/downloads/ Stellungnahme_DEGS-Gewalt.pdf. Zuletzt geprüft am 27.03.2015.

NAVE-HERZ, Rosemarie (2007): Familie heute. Wandel der Familienstrukturen und Folgen für die Erziehung. 3., überarbeitete und ergänzte Auflage. Darmstadt: Primus.

NITZSCHKE, Bernd (1996): Die männliche Psyche. Historisch-gesellschaftliche und psychodynamische Aspekte. In: BRANDES, Holger/ BULLINGER, Hermann (Hrsg.): Handbuch Männerarbeit. Weinheim: Beltz, Psychologie Verlags Union. S. 18-35.

OBERGFELL-FUCHS, Joachim/ KURY, Helmut (2005): Umgang mit häuslicher Gewalt – eine Gruppendiskussion mit PolizeibeamtInnen. In: KURY, Helmut/ OBERGFELL-FUCHS, Joachim (Hrsg.): Gewalt in der Familie. Für und wider den Platzverweis. Freiburg im Breisgau: Lambertus. S. 285-306.

OHMS, Constance (2007): Gewaltdiskurs und Geschlecht. In: GAHLEITNER, Silke Birgitta/ LENZ, Hans-Joachim (Hrsg.): Gewalt und Geschlechterverhältnis. Interdisziplinäre und geschlechtersensible Analysen und Perspektiven. Weinheim, München: Juventa. S. 227-236.

OHMS, Constance/ STEHLING, Klaus (2001): Gewalt gegen Lesben – Gewalt gegen Schwule: Thesen zu Differenzen und Gemeinsamkeiten. Hrsg. von der Lesben Informations- und Beratungsstelle e. V. Online verfügbar unter http://www.gleichgeschlechtlichelebensweisen.hessen.de/global/show_document.asp?id= aaaaaaaaaaaaaitx. Zuletzt geprüft am 25.03.2015.

OPFERHILFE BERLIN e. V. (Hrsg.) (o.A.): Helfen – Informieren – Vermitteln. Die Beratungsstelle in Berlin-Moabit. Online verfügbar unter http://www.opferhilfe-berlin.de/opferhilfe/beratungsstelle. Zuletzt geprüft am 25.03.2015.

OTTERMANN, Ralf (2003): Geschlechterdividenden in Gewaltdiskursen. In: LAMNEK, Siegfried/ BOATCĂ, Manuela (Hrsg.): Geschlecht – Gewalt – Gesellschaft. Otto-von-Freising-Tagungen der Katholischen Universität Eichstätt, Band 4. Opladen: Leske + Budrich. S. 163-178.

PAETZEL, Marco (2015): Wenn Frauen ausrasten. Ein Zufluchtsort für misshandelte Männer in Ketzin. In: Märkische Allgemeine, 13.01.2015. Online verfügbar unter http://www.maz-online.de/Lokales/Oberhavel/Wenn-Frauen-ausrasten. Zuletzt geprüft am 25.03.2015.

PUCHERT, Ralf/ WALTER, Willi/ JUNGNITZ, Ludger/ LENZ, Hans-Joachim/ PUHE, Henry (2004): Einleitung. In: FORSCHUNGSVERBUND GEWALT GEGEN MÄNNER (Hrsg.): Gewalt gegen Männer in Deutschland. Personale Gewaltwiderfahrnisse von Männern in Deutschland. Pilotstudie. Langfassung. Bundesministerium für Familie, Senioren, Frauen und Jugend. Berlin. S. 13-29.

PUCHERT, Ralf/ WALTER, Willi/ JUNGNITZ, Ludger/ LENZ, Hans-Joachim/ PUHE, Henry (2007a): Einleitung. In: JUNGNITZ, Ludger/ LENZ, Hans-Joachim/ PUCHERT, Ralf/ PUHE, Henry/ WALTER, Willi (Hrsg.): Gewalt gegen Männer. Personale Gewaltwiderfahrnisse von Männern in Deutschland. Opladen: Budrich. S. 11-34.

PUCHERT, Ralf/ WALTER, Willi/ JUNGNITZ, Ludger/ LENZ, Hans-Joachim/ PUHE, Henry (2007b): Schlussfolgerungen, Empfehlungen und Diskussion. In: JUNGNITZ, Ludger/ LENZ, Hans-Joachim/ PUCHERT, Ralf/ PUHE, Henry/ WALTER, Willi (Hrsg.): Gewalt gegen Männer. Personale Gewaltwiderfahrnisse von Männern in Deutschland. Opladen: Budrich. S. 276-287.

PUHE, Henry/ LENZ, Hans-Joachim/ PUCHERT, Ralf (2004): Der Forschungsprozess. In: FORSCHUNGSVERBUND GEWALT GEGEN MÄNNER (Hrsg.): Gewalt gegen Männer in Deutschland. Personale Gewaltwiderfahrnisse von Männern in Deutschland. Pilotstudie. Langfassung. Bundesministerium für Familie, Senioren, Frauen und Jugend. Berlin. S. 30-47.

ROBERT KOCH-INSTITUT (Hrsg.) (2013): Stellungnahmen von Frau Dr. Schröttle sowie des Netzwerkes Frauen und Gesundheit zu dem Beitrag "Körperliche und psychische Gewalterfahrungen in der deutschen Erwachsenenbevölkerung". Online verfügbar unter http://www.rki.de/DE/Content/Gesundheitsmonitoring/Studien/Degs/degs_w1/Basispublika tion/Gewalt_Antwort_RKI.html;jsessionid=DC2A0A87EE1CAC2DCE3DC0F758AC996A.2 _cid390?nn=3847538. Zuletzt geprüft am 21.03.2015.

RÖMER, Anke (2008): Die Folgen von Gewalt. Hrsg. von Psychologie heute. Online verfügbar unter http://www.psychologie-heute.de/news/gesundheit-psyche/ detailansicht/news/die_folgen_von_gewalt/. Zuletzt geprüft am 20.03.2015.

ROSENTHAL, Wolfgang (o.A.a): Altersverteilung. Hrsg. von der Männer-Wohn-Hilfe e. V. Online verfügbar unter http://www.maennerwohnhilfe.de/mediapool/132/1326692/ data/Altersverteilung.pdf. Zuletzt geprüft am 21.03.2015.

ROSENTHAL, Wolfgang (o.A.b): Anzahl der Kinder. Hrsg. von der Männer-Wohn-Hilfe e. V. Online verfügbar unter http://www.maennerwohnhilfe.de/mediapool/132/1326692/ data/Anzahl_der_Kinder.pdf. Zuletzt geprüft am 21.03.2015.

ROSENTHAL, Wolfgang (o.A.c): Aufenthaltsdauer. Hrsg. von der Männer-Wohn-Hilfe e. V. Online verfügbar unter http://www.maennerwohnhilfe.de/mediapool/132/1326692/ data/Aufenthaltsdauer.pdf. Zuletzt geprüft am 21.03.2015.

ROSENTHAL, Wolfgang (o.A.d): Entscheidung. Hrsg. von der Männer-Wohn-Hilfe e. V. Online verfügbar unter http://www.maennerwohnhilfe.de/mediapool/132/1326692/ data/Entscheidungen.pdf. Zuletzt geprüft am 20.03.2015.

ROSENTHAL, Wolfgang (o.A.e): Migranten. Hrsg. von der Männer-Wohn-Hilfe e. V. Online verfügbar unter http://www.maennerwohnhilfe.de/mediapool/132/1326692/ data/Migranten.pdf. Zuletzt geprüft am 20.03.2015.

RUHL, Ralf (2000): Väter - Opfer bei Trennung und Scheidung. In: LENZ, Hans-Joachim (Hrsg.): Männliche Opfererfahrungen. Problemlagen und Hilfeansätze in der Männerforschung. Weinheim, München: Juventa. S. 149-166.

SCHESKAT, Thomas (2000): Opfererfahrung und Transformation in der Beratung und Therapie mit Männern. In: LENZ, Hans-Joachim (Hrsg.): Männliche Opfererfahrungen. Problemlagen und Hilfeansätze in der Männerforschung. Weinheim, München: Juventa. S. 225-235.

SCHLACK, R./ RÜDEL, J./ KARGER, A./ HÖLLING, H. (2013): Körperliche und psychische Gewalterfahrungen in der deutschen Erwachsenenbevölkerung. Ergebnisse der Studie zur Gesundheit Erwachsener in Deutschland (DEGS1). In: Bundesgesundheitsblatt – Gesundheitsforschung – Gesundheitsschutz. Jahrgang. Heft 5/6. S. 755-764. Online verfügbar unter http://edoc.rki.de/oa/articles/repfVFL9MKm0A/PDF/24FsYksH0Ap7s.pdf Zuletzt geprüft am 20.03.2015.

SCHRÖTTLE, Monika: Die Studienergebnisse des Robert-Koch-Instituts zu Gewalt gegen Frauen und Männer: Ein Lehrstück für die Notwendigkeit einer methodisch versierten Erfassung, Auswertung und Interpretation geschlechtervergleichender Daten im Rahmen einer geschlechtersensiblen Gewalt- und Gesundheitsforschung. Online verfügbar unter http://www.rki.de/DE/Content/Gesundheitsmonitoring/Studien/Degs/degs_w1/Basispublika tion/Stellungnahme_Schroettle.pdf;jsessionid=DC2A0A87EE1CAC2DCE3DC0F758AC99 6A.2_cid390?__blob=publicationFile. Zuletzt geprüft am 21.03.2015.

SCHUBERT, Klaus/ KLEIN, Martina (2011): Das Politiklexikon. Gewalt. Hrsg. von Bundeszentrale für politische Bildung. 5., aktualisierte Auflage. Bonn. Online verfügbar unter http://www.bpb.de/nachschlagen/lexika/politiklexikon/17566/gewalt. Zuletzt geprüft am 18.03.2015.

SCHWEIKERT, Birgit (2011a): Gewalt. In: DEUTSCHER VEREIN FÜR ÖFFENTLICHE UND PRIVATE FÜRSORGE E.V. (Hrsg.): Fachlexikon der sozialen Arbeit. 7., völlig überarbeitete und aktualisierte Auflage. Baden-Baden: Nomos. S. 377-378.

SCHWEIKERT, Birgit (2011b): Häusliche Gewalt. In: DEUTSCHER VEREIN FÜR ÖFFENTLICHE UND PRIVATE FÜRSORGE e. V. (Hrsg.): Fachlexikon der sozialen Arbeit. 7., völlig überarbeitete und aktualisierte Auflage. Baden-Baden: Nomos. S. 404-405.

SCHWIND, Hans-Dieter/ BAUMANN, Jürgen/ SCHNEIDER, Ursula/ WINTER, Manfred (1990): Gewalt in der BRD. Endgutachten der unabhängigen Regierungskommission zur Verhinderung und Bekämpfung von Gewalt. Hrsg. von der Gewaltkommission der Bundesregierung. Berlin.

SCHWITHAL, Bastian (2005): Weibliche Gewalt in Partnerschaften. Eine synontologische Untersuchung. Soziologie. Norderstedt: Books on Demand.

SOLDT, Rüdiger (2015): Wenn Frauen ihre Männer verprügeln. Wenn Männer Opfer häuslicher Gewalt werden, geben sie das ungern zu. Und wenn sie es zugeben, finden sie nur schwer Hilfe. Ein einzigartiges Projekt in Stuttgart will das ändern. In: Frankfurter Allgemeine, 12.03.2015. Online verfügbar unter http://www.faz.net/aktuell/gesellschaft/stuttgart-hilft-maennern-die-opfer-haeuslicher-gewalt-werden-13479618.html. Zuletzt geprüft am 28.03.2015.

SOPHIE GGMBH (Hrsg.) (o.A.): Beratungsstelle Libelle. Beratungsstelle für Menschen, die häusliche Gewalt erleben. Online verfügbar unter http://www.sophie-ggmbh.de/cms/cms/front_content.php?idcat=31. Zuletzt geprüft am 25.03.2015.

SOZIALBERATUNG STUTTGART e. V. (Hrsg.) (o.A.): Häusliche Gewalt. Gewaltschutz für Männer. Online verfügbar unter http://www.sozialberatung-stuttgart.de/gewaltschutz-maenner.php. Zuletzt geprüft am 25.03.2015.

SOZIALBERATUNG STUTTGART e. V. (Hrsg.) (2008-2015): Männerinterventionsstellen bei häuslicher Gewalt. Online verfügbar unter http://www.sozialberatung-stuttgart.de/maennerintervention.php. Zuletzt geprüft am 26.03.2015.

SOZIALBERATUNG STUTTGART e. V. (Hrsg.) (2015a): Antrag Doppelhaushalt 2016/2017. Inhaltliche Antragsbegründung. Stuttgart.

SOZIALBERATUNG STUTTGART e. V. (Hrsg.) (2015b): Inhaltliche Antragsbegründung. Stuttgart.

SOZIALBERATUNG STUTTGART e. V. (Hrsg.) (2015c): Konzeptionelles Arbeitspapier männliche Opfer im Bereich häusliche Gewalt. „Gewaltschutz für Männer". Stuttgart.

THIEL, Peter (o.A.): Männerhaus Berlin. Online verfügbar unter http://www.maennerberatung.de/maennerhaus-kontakt.htm. Zuletzt geprüft am 25.03.2015.

THIEL, Peter (2011): Männerhaus Berlin. Konzeption. Online verfügbar unter http://www.maennerberatung.de/maennerhaus-konzeption.htm. Zuletzt geprüft am 25.03.2015.

WALTER, Willi (2002): Einführung. In: HEINRICH-BÖLL-STIFTUNG (Hrsg.): Mann oder Opfer? Dokumentation einer Fachtagung der Heinrich Böll Stiftung und des „Forum Männer in Theorie und Praxis der Geschlechterverhältnisse". Berlin. S. 7-8.

WALTER, Willi/ LENZ, Hans-Joachim/ PUCHERT, Ralf (2004): Gewalt in Lebensgemeinschaften. In: FORSCHUNGSVERBUND GEWALT GEGEN MÄNNER (Hrsg.): Gewalt gegen Männer in Deutschland. Personale Gewaltwiderfahrnisse von Männern in Deutschland. Pilotstudie. Langfassung. Bundesministerium für Familie, Senioren, Frauen und Jugend. Berlin. S. 183-253.

WALTHER, Holger (2009): „Schwule Paare – ein gewaltfreies System?". Wie Rollenverteilungen, Triadenbildung und Selbstwert die Paardynamik beeinflussen. In: LANDESKOORDINATION DER ANTI-GEWALT-ARBEIT FÜR LESBEN UND SCHWULE IN NRW (Hrsg.): "UnSichtbar!?" Häusliche Gewalt im Leben von Lesben, Schwulen und Transgender. Interdisziplinärer Fachtag der Landeskoordination Anti-Gewalt-Arbeit für Lesben und Schwule in NRW. Köln. S. 16-25.

WELTGESUNDHEITSORGANISATION (Hrsg.) (2002): World report on violence and health: Summary. Kopenhagen.

Wyss, Eva (2006): Wenn Frauen gewalttätig werden: Fakten contra Mythen. Ausübung häuslicher Gewalt ist nicht auf Männer beschränkt. Vierter Gewaltbericht der Kantonalen Fachkommission für Gleichstellungsfragen. Hrsg. von der Kantonalen Fachkommission für Gleichstellungsfragen. Bern. Online verfügbar unter http://www.sta.be.ch/sta/de/index/ gleichstellung/gleichstellung/gewalt/haeusliche_gewalt.assetref/dam/documents/STA/FGS /de/fachkommission/FK_frauengewalt_2006_dt.pdf. Zuletzt geprüft am 20.03.2015.

Anhang

 Männerbüro Hannover e.V.

Männliche Opfer häusliche Gewalt   Stand: 5.5.2008

Statistik 2007   **Bereich: LHH**

Fälle	95

Altersbereich	Anzahl	Prozent
0-18	7	7%
19-25	9	9%
26-40	35	37%
41-60	36	38%
>60	1	1%
nicht erfasst	7	7%
Gesamt	95	100%

Art der Gewalttätigkeit	Anzahl	Prozent
Körperverletzung	43	45%
gefährl. Körperverletzung	17	18%
Bedrohung	19	20%
Beleidigung/Nötigung	17	18%
Verstoß GewSchGes	1	1%
Sachbeschädigung	11	12%
Sexualisierte Gewalt	0	0%

Beziehung zur Täterin	Anzahl	Prozent
Partner /in	43	45%
Ex-Partner/in	33	35%
Sonstige	19	20%
Gesamt	95	100%

Kinder im Haushalt	in 20 Fällen	21%

Einsatz von Waffen/Gegenständen	in 20 Fällen	21%

Flasche (2)
Fleischgabel
Handy
Kaffeekanne
Klebestift
Messer (6)
Nudelholz
Ring
Stock
Teller
Vase

Art der Verletzungen

Kratzwunden am Hals
leichte Verletzung der Schläfe & Nasenbluten
2 Schnittwunden am Arm
Hämatom unter dem Auge
Blutblase am Finger
Hämatom
Kratzwunden im Nacken, blutiges Ohr
Prellung am Knie
blutende Lippe (Stichverletzung)
linke Gesichtshälfte stark gerötet
Bißverletzung Brust / Verletzung Linker Zeh
Platzwunden am Kopf / Bewusstlosigkeit
Prellungen an der Wange
Prellungen an verschiedenen Körperteilen
Platzwunde an Lippe
Schwellung
Verletzung im Gesicht u. an der Hand
blaues Auge
Freiheitsberaubung

Kontakt: Männerbüro Hannover   Tel.:123 589 - 0
Georg Fiedeler   georg.fiedeler@maennerbuero-hannover.de   Durchwahl: - 11
Klaus Eggerding   klaus.eggerding@maennerbuero-hannover.de   Durchwahl: - 10

www.maennerbuero-hannover.de

 **Männerbüro** |
Hannover

Männliche Opfer häusliche Gewalt
Statistik 2008   Bereich: LHH

Fälle	105	

Altersbereich	Anzahl	Prozent
0-18	7	7%
19-25	17	16%
26-40	37	35%
41-60	36	34%
>60	5	5%
nicht erfasst	3	3%
Gesamt	105	100%

Art der Gewalttätigkeit	Anzahl	Prozent
Körperverletzung	44	42%
gefährl. Körperverletzung	28	27%
Bedrohung	17	16%
Beleidigung/Nötigung	6	6%
Verstoß GewSchGes	0	0%
Sachbeschädigung	7	7%
Sexualisierte Gewalt	1	1%

Beziehung zur Täterin	Anzahl	Prozent
Partner /in	42	40%
Ex-Partner/in	29	28%
Sonstige	34	32%
Gesamt	105	100%

Kinder im Haushalt	in 35 Fällen	37%

Einsatz von Waffen/Gegenständen	in 27 Fällen	28%

Absatzschuh	Messer (10)
Auto	Plastikbecher
beschuhter Fuß	Schlagring
Bügeleisen	Tonvase
Cs.Gas	Tretroller
Flasche (3)	
Gummischlagstock	
Handtasche	
Holzlatte	
Holzstock	
Hundeleine mit Karabinerhaken	
Kinderspielzeug	

Art der Verletzungen

Angespuckt
Aufgerissener Hodensack
Bedrohung mit dem Tod (3)
Blutende Wunde an der Hand
Bißspuren am Arm
Hämatom am Hinterkopf
Hämatom an der Nase
Hämatom am Bauch
Hämatom re. Auge
Hämatom li. Auge
Hämatome mehrfach am Körper
Kopfschmerzen
Krankenhausreif geschlagen
Kratzwunde am Arm (4)
Kratzwunde am Hals (3)
Kratzwunde am Handrücken
Kratzwunde im Gesicht (9)
Nasenbeinbruch
Ohrfeige (8)
Platzwunde am Kinn
Platzwunde am Kopf (9)
Prellungen mehrfach am Körper
Prellung am Arm
Prellung am Bein
Prellung am Rücken
Prellung an der Nase
Prellung am Kopf (3)
Rötung des Ohres
Schnittwunde Handballen (2)
Schnittwunde am linken Handrücken
Schürfwunde an der Stirn
Schürfwunde im Gesicht (3)
Schwellung am Auge (2)
Schwellung kleiner Finger links
Schwellung am Hinterkopf
Stalking (3)
Stichverletzung (nicht näher bezeichnet)
Stichverletzung am Bauch (2)
Stichverletzung am Unterarm
Stichverletzung an Hand
Stichverletzung in der Schulter
Stichverletzung Richtung Wirbelsäule
Verstauchung der Finger
Wunde am Knie

Kontakt: Männerbüro Hannover   Tel.:0511 / 123 589 - 0
Georg Fiedeler   georg.fiedeler@maennerbuero-hannover.de   Durchwahl: - 11
Klaus Eggerding   klaus.eggerding@maennerbuero-hannover.de   Durchwahl: - 10

www.maennerbuero-hannover.de

Seite 1 von 5

Männliche Opfer häusliche Gewalt

Statistik 2009   Bereich: LHH

Fälle	114	
davon von der Polizei übermittelt	99	87%
davon Selbstmelder	15	13%

Kontakt zum Opfer	Anzahl	
Pro-aktiver Kontakt schriftlich	99	
Beratene Personen	23	
Beratungen	71	

Altersbereich	Anzahl	Prozent
0-18	5	4%
19-25	16	14%
26-40	44	39%
41-60	41	36%
>60	5	4%
nicht erfasst	3	3%
Gesamt	114	100%

Art der Gewalttätigkeit	Anzahl	Prozent
Körperverletzung	44	39%
gefährl. Körperverletzung	19	17%
Bedrohung	14	12%
Beleidigung/Nötigung	11	10%
Verstoß GewSchGes	1	1%
Sachbeschädigung	17	15%
Sexualisierte Gewalt	0	0%

Beziehung zur Täterin	Anzahl	Prozent
Partner /in	46	40%
Ex-Partner/in	42	37%
Sonstige	26	23%
Gesamt	114	100%

Kinder im Haushalt	in 27 Fällen	24%

Einsatz von Waffen/Gegenständen	in 23 Fällen	20%

Flasche (3)   Regenschirm (2)
Glas   Videokonsole
Glasscherbe
Gürtel

Hammer
Handy
Hantelstange
Kleiderbügel
Kerzenständer
Messer (8)
Schere
Steine

Art der Verletzungen

1 St. ausgesperrt auf Balkon
Auto durch Frau beschädigt (3)
Bedrohung (3)
Erpressung mit Suiziddrohung
Bedrohung mit Messer
Behauptung falscher Tatsachen
Beleidigung (4)
Blutende Wunde an der Nase durch Faustschlag
Erpressung: droht mit Selbstverletzung
Prellung (2)
Prellung im Gesicht
Prellungen am ganzen Körper (2)
Hämatom am Arm
Hämatome im Gesicht (3)
Hämatome am Hinterkopf (2)
Hämatome und Prellungen an Oberkörper und Gesicht durch Faustschläg
Hausfriedensbruch : Verletzung der Privatsphäre
Freiheitsentzug: in der Wohnung eingesperrt
Prellungen und Hämatome durch Faustschlag ins Gesicht
Kratzwunde (2)
Kratzwunde am Arm (2)
Kratzwunde am Bauch
Kratzwunde am Kopf
Kratzwunde am Hals
Kratzwunde am Handgelenk (2)
Kratzwunde im Gesicht (4)
Kratzwunde am Oberkörper, stark blutend
Schädelprellung
Platzwunde am Kopf (4)
Platzwunde an der Lippe (2)
Kopfschmerzen (2)
Rötung und Schwellung am linken Auge
Quetschverletzung am Arm
Schmerzen nach Tritt im Genitalbereich
Schwellung an der Schläfe
Schwellung an der Wange
Schwellungen im Gesicht durch Faustschläge
Morddrohung (2)
Stalking (4)
Nasenbluten
Reizung der Augen und Atemwege
Rötung am Arm durch Festhalten
Rötung an der Schläfe
Rötung im Rippenbereich

Rötung an der Wange
Schmerzen und Schwellung am Hals durch Schlag auf den Kehlkopf
Schmerzen am Hals durch Würgen
Schmerzen im Gesicht
Schmerzen im Unterleib durch Tritt
Schmerzen am Gesäß durch Tritt
Schnittwunde am Kinn
Schnittwunde am Mund
Schnittwunde am Ohr
Schnittwunde an der Hüfte
Schnittwunde am Unterarm
Schürfwunde am Arm
Schürfwunde im Gesicht
Schürfwunde an der Schulter, Pulli eingerissen, Brille verbogen
Schwellung am Auge
Schwellung am Ellenbogen
Schwellung am kleinen Finger
Schwellung am Kopf
Wunde an der Hand
Wunde am Kopf
Wunde im Gesicht
Wurde von der Frau mit Urin überschüttet
Verleumdung (2)

Kontakt: Männerbüro Hannover   Tel.:0511 / 123 589 - 0
Georg Fiedeler georg.fiedeler@maennerbuero-hannover.de   Durchwahl: - 11
Klaus Eggerding klaus.eggerding@maennerbuero-hannover.de Durchwahl: - 10

www.maennerbuero-hannover.de

Männerbüro Hannover

Männliche Opfer Häuslicher Gewalt

Statistik 2010

Bereich: LHH
(Landeshauptstadt Hannover)

Fälle	139	
davon von der Polizei übermittelt	118	85%
davon Selbstmelder	21	15%

Kontakt zum Opfer	Anzahl	
Pro-aktiver Kontakt schriftlich	118	
Beratene Personen	31	
Beratungen	53	

Altersbereich	Anzahl	Prozent
0-18	5	4%
19-25	27	19%
26-40	57	41%
41-60	31	22%
>60	4	3%
nicht erfasst	15	11%
Gesamt	139	100%

Art der Gewalttätigkeit	Anzahl	Prozent
Körperverletzung	41	29%
gefährl. Körperverletzung	22	16%
Bedrohung	20	14%
Beleidigung/Nötigung	7	5%
Verstoß GewSchGes	1	1%
Sachbeschädigung	5	4%
Sexualisierte Gewalt	0	0%

Beziehung zur Täterin	Anzahl	Prozent
Partner /in	54	39%
Ex-Partner/in	40	29%
Sonstige	23	17%
Nicht erfasst	22	16%
Gesamt	139	100%

Kinder im Haushalt	in 34 Fällen	24%

Einsatz von Waffen/Gegenständen	in 25 Fällen	18%
Apfel u. Hundekauknochen	Regenschirm	
Baseballschläger	Schlüssel	
Flasche	Spiegel	

Harke   Stromkabel
Kinderbastelscheere   Trinkglas
kochendes Wasser
Küchenmesser
Messer (10)
Pantolette
Pistole
Rasierklinge

Art der Verletzungen

Kopfplatzwunde
Stichwunde im Unterschenkel
Linke Gesichtshälfte geschwollen,
Schmerzen an Oberkörper, Bauch,
Rücken und Auge
leichte Rötung / Schwellung unter li Auge
Hämatome im Gesicht
Beule am Hinterkopf, Rötungen am im Halsbereich
Abschürfungen am Unterarm, leicht gerötete linke Gesichtshälfte
Prellung durch Schlag mit einem Trinkglas auf dem Kopf
Wird durch mehrere hundert Anrufe täglich belästigt
Bedrohungen
Wurde mit einer Pistole bedroht
Prellungen im Gesicht
Prellungen und Hämatome
Hämatome und Prellungen
Kratzwunden am Hals
Blutende Nase
Nasenbeinbruch, Schwellung, Hautabschürfung im Gesicht
Würgemale am Hals, Beule am Kopf
Hautabschürfung im Gesicht
Prellungen am Kopf
blaues Auge
Würgemale am Hals und Prellungen
Wurde geschlagen, getreten und bedroht aufgeschlitzt zu werden
Kratzer am Arm
Platzwunde am Kopf und Schmerzen im Genitalbereich durch Tritt
Kratzwunden und Faustschläge
Hämatom am Auge
Rötungen des linken Unterarms
Schmerzen am operierten Bein
Prellungen am Schienenbein und Rötungen am Oberarm
Prellungen und Abschürfungen im Gesicht
Hämatome im Gesicht
Stichwunde
Schmerzen durch Tritte im Bustbereich
Hämatome am Kopf
Blut aus Mund u. Nase
Schnittwunde am Finger durch Messer
Kratzer am Hals
Tritt in den Bauch, Kratzer im Gesicht
Abschürfungen, leichte Hauteinrisse am Ellbogen
Prellungen an Brust und Kopf

Faustschläge ins Gesicht
Schwellung und Rötung im Gesicht
Gesicht blutig gekratzt
Kratzer am Hals
Prellungen am Oberschenkel
Stichverletzung in Oberschenkel
Finger gebrochen

Projektleitung: Georg Fiedeler   Tel.: 0511 / 123 589 - 0
georg.fiedeler@maennerbuero-hannover.de
Mitarbeiter: Reiner Graumann
reiner.graumann@maennerbuero-hannover.de
www.maennerbuero-hannover.de

Männerbüro Hannover

Männliche Opfer Häuslicher Gewalt

Statistik 2011

Bereich: LHH
(Landeshauptstadt Hannover)

Fälle	144	
davon von der Polizei übermittelt	140	97%
davon Selbstmelder	4	3%

Kontakt zum Opfer	Anzahl	
Pro-aktiver Kontakt schriftlich	140	
Beratene Personen	29	
Beratungen	63	

Altersbereich	Anzahl	Prozent
0-18	2	1%
19-25	14	10%
26-40	57	40%
41-60	48	33%
>60	11	8%
nicht erfasst	12	8%
Gesamt	144	100%

Art der Gewalttätigkeit	Anzahl	Prozent
Körperverletzung	59	41%
gefährl. Körperverletzung	25	17%
Bedrohung	21	15%
Beleidigung/Nötigung	9	6%
Verstoß GewSchGes	0	0%
Sachbeschädigung	15	10%
Sonstiges	43	30%

Beziehung zur Täterin	Anzahl	Prozent
Partner /in	56	39%
Ex-Partner/in	49	34%
Sonstige	29	20%
Nicht erfasst	10	7%
Gesamt	144	100%

Kinder im Haushalt	in 43 Fällen	30%

Einsatz von Waffen/Gegenständen	in 24 Fällen	17%

Besenstiel	Deoflasche
Bierflasche (4)	Holzspielzeug
CS-Gas	kochendes Wasser

Küchengabel   Pfefferspray
Messer(10)   Scheere
PET-Flasche   Zigarette
Bügeleisen

Art der Verletzungen

Abgebochener Backenzahn
Blut u. Schwellung im Gesicht
Blutige Nase, Schürfwunden, aufgeplatzte Lippe.
Blutende Wunde unterhalb des Auges
Brandverletzung im Auge
Finger gebrochen
Gesicht blutig gekratzt
Herausgerissene Kopfhaare
Kopfplatzwunde (2)
Kratzer am Oberkörper (2)
Kratzer am Arm
Kratzer am Daumen
Kratzer am Hals, Brust, Rücken
Kratzer am Oberarm
Kratzer im Gesicht u. Oberkörper
Kratzer rechtes Ohr und Hals
Kratzer am Hals
Kratzspur auf Stirn
Leichte Rötung und Schwellung an Wange
Leichte Verletzung an Fingerkuppen
Piepton im Ohr
Platzwunde am Auge
Platzwunde am Kopf
Platzwunde hinter Ohr
Prellung durch Faustschläge ins Gesicht
Prellungen an Brust und Kopf
Prellungen u. Hämatome
Prellungen am Oberschenkel
Prellungen, Würgemal
Schmerzen im Gesicht und Genitalbereich
Schnittverletzung Gesicht
Schnittverletzung am Arm
Schnittwunde Hand
Schürfwunde und Delle am Kopf
Schürfwunden am Unterarm, Hämatom
Schwellung am Jochbein, blutende Beule.
Schwellungen am Ellbogen, Rötungen am Unterarm
Schwellung und Rötung im Gesicht
Stichverletzung Bauch
Stichwunde im Nacken
Stichverletzung in Oberschenkel
Verbrühungen 2.Grades
Verletzungen am Finger und Gesicht

Projektleitung: Georg Fiedeler   Tel.: 0511 / 123 589 - 0
georg.fiedeler@maennerbuero-hannover.de
Mitarbeiter: Reiner Graumann
reiner.graumann@maennerbuero-hannover.de
www.maennerbuero-hannover.de

XXX

Männerbüro Hannover

Männliche Opfer Häuslicher Gewalt

Statistik 2012

Bereich: LHH
(Landeshauptstadt Hannover)

Fälle	235	
davon von der Polizei übermittelt	235	
davon Selbstmelder	n.e.	

Kontakt zum Opfer	Anzahl	
Pro-aktiver Kontakt schriftlich	193	
Beratene Personen	27	
Beratungen	88	

Altersbereich	Anzahl	Prozent
0-17	1	0%
18-25	36	15%
26-40	78	33%
41-60	82	35%
>60	17	7%
nicht erfasst	21	9%
Gesamt	235	100%

Art der Gewalttätigkeit	Anzahl	Prozent
Körperverletzung	90	38%
gefährl. Körperverletzung	37	16%
Bedrohung	26	11%
Beleidigung/Nötigung	24	10%
Verstoß GewSchGes	2	1%
Sachbeschädigung	22	9%
Sonstiges	80	34%

Beziehung zur Täterin	Anzahl	Prozent
Partner /in	119	51%
Ex-Partner/in	76	32%
Sonstige	36	15%
Nicht erfasst	4	2%
Gesamt	235	100%

Kinder im Haushalt	in 70 Fällen	18%

Einsatz von Waffen/Gegenständen	in 18 Fällen	10%
Auto	Kerzenständer	
Baseballschläger	Kochendes Wasser	
Besen	Messer (5)	
Bierglas	Pfefferspray	
Gasflasche (2)	Schere	
Gehhilfe	Schuh (2)	

Art der Verletzungen

Abschürfungen am Knie und Ellbogen
Augenprellung. Kratzer am Oberkörper.
Bissmale am Arm
Bisswunde in Arm u. Brust
Blutende Kopfplatzwunde
blutende Kratzwunde im Gesicht
Blutende Schürfwunden an Fingern.
Blutende Wunden im Gesicht
Blutender Zeigefinger und Unterarm
Blutwunde an Stirn.
Einblutung im Augapfel
gerötetes Gesicht vom Pfefferspray
Hämatom am Jochbein
Kopf- u. Gesichtsverletzungen
Kratz-/ Bisswunden im Bereich Oberarm, Hand und Schlüsselbein
Kratzer am Jochbein
Kratzer am Oberkörper
Kratzer an Armen und der Brust
Kratzer an Brust und Hals
Kratzer an rechter Hand. Schmerzen am Bein und im Gesicht.
Kratzer an Schläfe. Schürfwunden.
Kratzer im: Gesicht, linken Oberarm, Oberbauch
Kratzwunden an Hals und Schulter.
Kratzwunden an Wange
Leiche Rötung im Rückenbereich
Leichte Bißwunde am Schulterblatt
leichte Platzwunde an der Stirn
Messerstich in Lunge
Mit Auto angefahren. Prellungen, Hämatome
Oberflächliche Verletzung auf der Haus am Unterarm
Platzwunde am Kopf
Platzwunde am Nasenbein
Platzwunde an Wange
Prellung/Rötung unterm Auge
Prellungen im Gesicht, Platzwunde an der Lippe und am Hinterkopf.
Rötung im Gesicht. Schramme am Kehlkopf.
Rötung im Gesicht. Schürfwunde am Bein.
Schmerzen auf der Brust, Schwellungen/ Rötungen im Gesicht
Schmerzen auf Wange und linkes Schlüsselbein.
Schmerzen im Nacken.
Schmerzen im Schulter-Nackenbereich
Schmerzen im seitlichen Bereich der Brust
Schmerzen nach Tritt in Bauch und Oberschenkel.
Schnitt-/Risswunde vom linken Ohr über Hals bis zum Schlüsselbein

Schnittwunde Handinnenfläche
Schürfwunde am Mundwinkel, Rötung am rechten Oberarm.
Schürfwunde/ Prellung Ellenbogen links
Schwellung rechtes Jochbein. Kratzer auf der Brust.
Schwellungen an beiden Augen
Stichverletzung Schulter
Stichwunde im linken Oberschenkel
Verbrühungen am Arm

Verletzung am Hals. Nicht näher beschrieben.
Verletzung am Kopf, Schnitt am Unterarm.
Verletzung an der rechten Hand.
Wunde am Schienbein, Kratzer am Unterarm und Halsflanke.

Projektleitung: Georg Fiedeler   Tel.: 0511 / 123 589 - 0
georg.fiedeler@maennerbuero-hannover.de
Mitarbeiter: Reiner Graumann
reiner.graumann@maennerbuero-hannover.de
www.maennerbuero-hannover.de

Männerbüro
Hannover

Männliche Opfer Häuslicher Gewalt

Statistik 2013   Bereich: LHH
(Landeshauptstadt Hannover)

Fälle	233	
davon von der Polizei übermittelt	218	
davon Selbstmelder	15	

Kontakt zum Opfer	Anzahl	
Pro-aktiver Kontakt	110	
Beratene Personen	22	
Beratungen	83	

Altersbereich	Anzahl	Prozent
bis 17 Jahre	2	1%
18-25 Jahre	33	14%
26-40 Jahre	65	28%
41-60 Jahre	82	35%
über 60 Jahre	16	7%
nicht erfasst	35	15%
Gesamt	233	100%

Kinder im Haushalt	in 72 Fällen	31%

Projektleitung: Georg Fiedeler   Tel.: 0511 / 123 589 - 0
georg.fiedeler@maennerbuero-hannover.de
Mitarbeiter: Reiner Graumann
reiner.graumann@maennerbuero-hannover.de
www.maennerbuero-hannover.de

 **Männerbüro | Hannover**

Männliche Opfer Häuslicher Gewalt

Statistik 2013

Bereich: Region Hannover
(ohne LHH)

Fälle	123	
davon von der Polizei übermittelt	121	
davon Selbstmelder	2	

Kontakt zum Opfer	Anzahl	
Pro-aktiver Kontakt telefonisch	52	
Pro-aktiver Kontakt schriftlich	71	
Beratene Personen	116	
Beratungen	135	

Altersbereich	Anzahl	Prozent
bis 21 Jahre	16	13%
22 - 30 Jahre	18	15%
31 - 40 Jahre	26	21%
41 - 50 Jahre	31	25%
ab 51 Jahre	31	25%
nicht erfasst	1	1%
Gesamt	123	100%

Migrationshintergrund	Anzahl	Prozent
Deutsche	2	2%
andere Staatsangehörigkeit	28	23%
Gesamt	30	24%

Staatsangehörigkeit	Anzahl	Prozent
Deutsche	95	77%
andere Staatsangehörigkeit	28	23%
Gesamt	123	100%

Projektleitung: Georg Fiedeler   Tel.: 0511 / 123 589 - 0
georg.fiedeler@maennerbuero-hannover.de
Mitarbeiter: Reiner Graumann
reiner.graumann@maennerbuero-hannover.de
www.maennerbuero-hannover.de

Statistik 2014

Bereich: Region Hannover
(ohne LHH)

Fälle	178	
davon von der Polizei übermittelt	172	
davon Selbstmelder	6	

Kontakt zum Opfer	Anzahl	
Pro-aktiver Kontakt telefonisch	71	
Pro-aktiver Kontakt schriftlich	87	
Beratene Personen	77	
Beratungen	121	

Altersbereich	Anzahl	Prozent
bis 21 Jahre	17	10%
22 - 30 Jahre	21	12%
31 - 40 Jahre	45	25%
41 - 50 Jahre	46	26%
ab 51 Jahre	38	21%
nicht erfasst	11	6%
Gesamt	178	100%

Migrationshintergrund	Anzahl	Prozent
Deutsche	11	6%
andere Staatsangehörigkeit	39	22%
Gesamt	50	28%

Staatsangehörigkeit	Anzahl	Prozent
Deutsche	139	78%
andere Staatsangehörigkeit	39	22%
Gesamt	178	100%

Beziehung zur Täterin	Anzahl	Prozent
Partner /in	90	51%
Ex-Partner/in	42	24%
Sonstige	46	26%
Nicht erfasst	0	0%
Gesamt	178	100%

Kinder im Haushalt	149	24%

Projektleitung:

Georg Fiedeler | Sozialpsychologe (M.A.), Systemischer Einzel-, Paar- und Familientherapeut

Projektmitarbeiter:

Reiner Graumann | Heilpraktiker für Psychotherapie, Systemischer Familien-Sozialtherapeut,
Klaus Eggerding | Heilpraktiker für Psychotherapie, Gestalttherapeut.

Kontakt:

Männerbüro Hannover e.V. | Ilse-ter-Meer-Weg 7 | 30449 Hannover | Tel.: 0511-123 589-0
info@maennerbuero-hannover.de | www.maennerbuero-hannover.de